LA CLINIQUE DES AGRESSEURS SEXUELS AU DÉFI DU DISPOSITIF PÉNAL

Collection Criminologie
dirigée par Robert Cario

La criminologie apparaît comme un champ pluri et transdisciplinaire de connaissances, d'investigations, d'expertises et de traitement qui peine à être reconnu en France. Principalement mise en œuvre dans le domaine de la prévention, elle occupe également, au cas d'échec, une place prépondérante dans le procès pénal. Plus largement encore, la criminologie contribue à la restauration psychologique et sociale des protagonistes, dans l'endroit comme dans l'envers du crime.

Dans de nombreux pays, la discipline fait l'objet d'enseignements, de recherches et d'applications à la mesure de la complexité du phénomène criminel qui la nourrit. Dans d'autres encore, la profession de criminologue s'inscrit en totale harmonie avec les métiers de la justice, de la médecine, de la psychologie et du social.

La présente collection ambitionne de rassembler des ouvrages scientifiques et des travaux de terrain, appuyés tant sur les théories dominantes que sur les bonnes pratiques en agressologie ou victimologie, à l'intention de publics variés : étudiants, enseignants, chercheurs, magistrats, praticiens de toutes disciplines confrontés aux problématiques délinquantes, citoyens épris de justice.

Derniers ouvrages parus
P.V. Tournier, La naissance de la contrainte pénale
J. Motte dit Falisse (Dir.), Du sens de la peine

Traité de sciences criminelles
2.1. R. Cario, Victimologie. De l'effraction du lien intersubjectif à la restauration sociale (4è éd. 2012)
2.2. R. Cario, Sylvie Ruiz-Vera, Droit(s) des victimes. De l'oubli à la reconnaissance (2015)
4. R. Cario, Introduction aux sciences criminelles. Pour une approche globale et intégrée du phénomène criminel (6è éd. 2008)
8. R. Cario, C. Rossi, Justice restaurative. Principes et promesses (3è éd. 2020, en préparation)

Controverses
R. Cario (Dir.), Les rencontres détenus-Victimes : l'humanité retrouvée
F. Rognon, B. Deymié (Dir.), Punir, guérir, restaurer
J. Jollivet, De la punition à la réconciliation
G. Arandel, Pour une criminologie interculturelle

V. également la collection Sciences criminelles
H. Arbousset, C. Lacroix et B. Steinmetz (Dir.), Risques, accidents et catastrophes.
Liber amicorum en l'honneur de Madame le professeur Marie-France Steinlé-Feuerbach
Y-C Quéro, La gouvernance nodale du réseau de sécurité locale
N.Y. Doumbia, Le maintien de l'ordre en Côte d'Ivoire

Série Champ pénitentiaire
P. Mbanzoulou, M. Herzog-Evans, S. Courtine (Dir.), Insertion et désistance
P. Mbanzoulou, F. Dieu (Dir)., Administration pénitentiaire et justice
H. Hedhili-Azema, Sciences et pratiques pénitentiaires en France. XIX et XXè siècles
P. Mbanzoulou, P. Pottier (Dir.), Santé et justice
S. Jacopin, J.M. Larralde (Dir.), Le droit aux visites des personnes incarcérées
R. Chazot, F. Violet, La souffrance en prison

Yves GÉRIN

LA CLINIQUE DES AGRESSEURS SEXUELS AU DÉFI DU DISPOSITIF PÉNAL

Préface de Loïck-M. Villerbu

L'Harmattan

5-7, rue de l'Ecole-Polytechnique, 75005 Paris

www.editions-harmattan.fr

ISBN : 978-2-343-20357-7
EAN : 9782343203577

À Perrine et Victor

« Dans tout ce qui est de l'ordre du témoignage,
il y a engagement du sujet. »

(Jacques Lacan, les Psychoses)

PRÉFACE

L'ouvrage d'Yves Gérin est tout à fait représentatif des problématiques éthiques et cliniques qui travaillent une forme de présence psy, dès lors que les missions attribuées à des soignants s'offrent dans un cadre institutionnel a priori dédié aux injonctions répressives d'une sanction et d'un souci omniprésent, la prévention de la récidive. Que ces soignants soient psychiatres ou psychologues, que les intervenants exercent dans le registre du soin ou de l'éducatif, ou de la surveillance, une même crise de légitimité devient évidente dans ce qui s'organise en termes d'accompagnement, de proximité, que cela traite de la veille ou du soin.

Que devient le sujet, la personne dans son histoire, sa construction subjective, quand s'exige une forme de normalisation dont sont attendues des preuves pertinentes ? Cette crise de légitimité est double : elle émane autant du patient contraint (ces usagers involontaires) que des intervenants dédiés par leurs compétences a priori.

Une thèse se poursuit et se récrit, celle de l'ouvrage publié en 1997 sur la question du soin en psychiatrie, Souffrance et psychose : Psychopathologie sociale clinique. Le cadre change, la thèse demeure permanente : mise en crise permanente des limites et seuils de compétences. C'est l'analyse et le récit qui vont être donnés à entendre dans cet ouvrage sur La clinique des agresseurs sexuels au défi du dispositif pénal.

Une analyse parce que l'auteur n'a de cesse de repenser une éthique d'intervention, récits parce que les exemples sont sans cesse présents, tant du côté soignant que soigné, de ces moments intrusifs, d'effraction et de stupeur, d'impuissance ou de colère. L'ouvrage rencontre d'autres écrits éducatifs sur la sanction et instruit à côté de ceux-ci une démarche générale sur la place que chacun, professionnel, se donne, prend ou qui lui octroyée ou laissée.

La posture se veut ethnographique et la méthodologie, de participation. L'ouvrage est également le récit tant critique qu'autocritique d'un parcours professionnel au sein de soins en institutions pénales : cadre omniprésent d'un avenir barré, dont les stigmates contiennent les formes handicapantes à venir. La méthodologie de l'auteur se construit en outre sur une inversion en donnant la parole aux personnes incarcérées sur la base de l'enfermement auxquelles elles ont contribué. Elles parlent, qu'entend-on ? Où est le fil rouge ? Que viennent-elles balayer ? Que reste-t-il ? Comment survivre ? Que veut dire soigner ? Juger ? Favoriser le retour à l'intégration ?

Infraction, crime, certes, mais au titre d'un objet de la plus haute intimité, la sexualité, trace indélébile d'une histoire et de ses avatars. Objet archaïque et actuel s'étant élaboré sur des modèles d'identifications conflictuelles, il est héritage et trace, ce qui en a été fait à travers les aléas d'une histoire à jamais engendrée par des violences subies et agies de quelque nature que ce soit.

Qu'entend-on par sexualité lorsque nous traitons des agresseurs sexuels, ou des auteurs d'agressions à caractère sexuel ? Le sexuel ne se confond pas avec la sexualité et celle-ci n'est qu'une forme possible de l'histoire de celui-ci. Que le recours à l'acte ait pris le sexuel en otage ne veut rien dire d'autres que ceci : l'objet mis en études, ce sont des pratiques historiques de soi, des autres et du monde, non seulement des comportements, mais des mises en scène injonctives. D'où cette autre question insistante dans le texte et que l'on rencontre dans bien d'autres problématiques : est-ce le sexuel qui se radicalise ou la radicalisation se sert-elle du sexuel ? Otage ou bourreau ? Les réponses seront différentes selon que l'on cherche à traiter de la genèse d'une position ou la dynamique de fonctionnement d'un impératif.

L'intervenant dédié, dans le contexte de sa mission, répond à quelle attente quand il suppose que l'absence de demande (dans le cadre socio-économique de l'offre et de la demande) ne dit rien d'une souffrance intrapsychique et transubjective, dont le crime est l'issue ? Un espace de crises se dessine entre une injonction faite au titre de la paix sociale, d'une normalisation socio-morale (dangerosité, récidive, vivre ensemble) mettant en scène immédiate un acteur criminel et son patrimoine cognitif, et l'offre de subversion des élans pulsionnels dont l'élation première inhibe tout changement… à long terme. Une question est bien posée : comment se garder de tout prosélytisme professionnel et de bavardage idéologique en œuvrant sur des cadres et contextes d'offres de changement ? L'aveu n'est plus la reine des preuves et dans une même perspective la demande n'est plus une preuve de participation au changement. Ici l'offre se moque de la résistance éventuellement ou nécessairement rencontrée parce qu'elle se tient dans une présence maintenue et n'attend de sa position aucune gratification ou démérite. Le coût de cette présence maintenue, dans l'adversité ou non, exige que l'intervenant puisse lui-même en faire part à un tiers et se mettre en position d'être entendu.

L'auteur s'attache à montrer et à développer cette hypothèse de travail ; il n'y a pas deux individus en face ou à côté l'un de l'autre, mais des contextes, des cadres, des systèmes d'appartenances plus ou moins ouverts ou fermés dont les limites tendent de façon permanente à s'évanouir. Cette thèse lui permet d'analyser dans un même ensemble les différents professionnels dédiés à l'œuvre de justice et aux effets de celle-ci. C'est par ce biais que se démontre au mieux comment et combien l'auteur, dit agresseur sexuel, re-modèle et re-formate ses interlocuteurs, rend explicite tous les travers possibles de ceux-ci…, tous ces moments où l'un ou l'autre cesse de pouvoir supporter ce qu'il entend comme des pressions revendicatives et rationalise une position par un recours idéologique à la dignité disciplinaire subsumant toute autre approche ou au contraire en s'en faisant des alliés, dans une guerre de tranchées.

Le lecteur est ici confronté sans cesse à ce qu'il sait, ou veut en savoir, de la problématique de la sanction et/ou de la peine, des responsabilités et culpabilités quand elles sont judiciaires, psychologiques ou morales.

Des questions renouvelées : de quoi thérapeutique est-il le nom ? Que veut l'accompagnement ? Que veut la dangerosité ?… Que veut la défense d'un mis en examen ? Qu'exige le fait d'identifier un tiers comme prédateur ? Qu'exige le fait de n'être identifié que comme le prédateur, le pédophile, le violeur…

Loïck-M. VILLERBU

Professeur émérite des universités Psychologue/psycho-criminologue

INTRODUCTION GÉNÉRALE

La réflexion se situe à partir de mon expérience de psychologue clinicien, psychothérapeute intervenant surtout auprès de sujets agresseurs sexuels, condamnés, en situation postpénale de peine dite de probation. De multiples travaux de recherche, formations et échanges professionnels m'ont permis d'acquérir une expérience professionnelle significative. Qui m'a conduit à interroger l'hypothétique appropriation d'une démarche qualifiée de psychothérapique à des sujets criminels sexuels, acteurs d'agressions, socialement évocatrices de crise morale et d'horreur absolue. Le rôle de la réalité du milieu carcéral est, bien sûr, essentiel. Il soulève, en aval, des questions d'ordre méthodologique complexe où l'on retiendra la difficulté à associer le soin à la loi pénale, sa mise en application concrète, la référence privilégiée à la clinique. Il s'agit, en effet, de montrer comment l'exigence de la mise en pratique du soin psychique intègre, décisivement, des éléments de criminalisation ainsi que la présence d'un imaginaire de la victime. La spécificité de la démarche, la présence d'éléments socialement insoutenables, caractérisent, la réalité d'un traitement où l'on retiendra, d'emblée, l'idée selon laquelle le soignant n'est pas en présence d'actes qui seraient, pour l'agresseur, volontaires, rationnels et conscients. Toujours, en dernier recours, d'ordre sexuel. S'esquissera, en ce sens, la notion d'un traitement social et répressif dont le thérapeute devra, au fur et à la mesure de sa prise en charge, se distancier. Son positionnement par rapport au modèle judiciaire devenant alors plus complexe. Si l'attirance sexuelle et mortifère démesurée, préalable à l'acte d'agression sexuelle, semblait, permettre la préservation de la possibilité d'un soin psychique (1), l'intervention institutionnelle du clinicien thérapeute soulève cependant des interrogations tout à fait fondamentales relatives à la spécialisation et réappropriation pénale. Des limites d'ordre théorique, éthique, méthodologique, fonctionnelles et pratiques s'imposent, à l'évidence.

Comment, pour le soignant, se positionner par rapport à la privation de liberté, à l'exigence de sévérité des peines ?

L'agresseur sexuel éprouve-t-il le besoin de parler, d'entreprendre une démarche de consultation, la nécessité de reconnaître une souffrance intime susceptible d'être écoutée et élaborée ? Lui est-il possible de se démarquer d'une catégorisation judiciaire péjorative ?

Comment et à qui peut-il s'adresser, dans un contexte social hostile dont les intervenants judiciaires et psychiatriques constituent toujours la référence princeps ? Si la violence extrême nécessitant le recours à l'acte paraît justifier l'intérêt réciproque des institutions soignantes et pénales, qu'en serait-il du patient, soumis à divers discours et impératifs politiques et sociaux contribuant parfois à le déshumaniser ?

Travailler avec un sujet incarnant un acte gravissime, devenu collectivement étranger, porteur d'une image monstrueuse, admet, en effet, la prise en considération d'une représentation collective stéréotypée, et aussi confuse, une dimension introduisant le risque non négligeable d'une perte de sens du travail de soin psychique.

Cerner ce que pourrait être l'éventualité d'une démarche psychothérapique adressée à l'agresseur sexuel nécessite ainsi l'approfondissement des conditions de possibilité et disponibilité de prises en charge de sujets pouvant évoluer dans le registre d'une destructivité sans limites.

Sans doute devrons-nous préciser la réalité consensuelle d'un contrôle social. À propos de laquelle nous remarquerons que le travail des intervenants du champ psy, confrontés à la notion de récidive, ne sauraient se situer dans une neutralité technique stricte.

Soumis aux exigences de la commande sociale, ceux-ci mettront en œuvre des orientations et conceptions psychiques engageant certaines représentations de la sexualité, de la violence, ainsi que des effets inconscients de contre-transfert, évocateurs de question éthique.

Ne s'agirait-il pas de diriger les pensées d'un patient, voire le devenir d'une vie sexuelle très compromise ? Traitement social, politique, médiatique, le soin psychique des agresseurs sexuels ne s'inscrirait-il, par-delà proposition d'une voie de salut, dans le sens d'une régénération morale ?

Si l'ébauche d'un éventuel consensus professionnel paraîtrait s'esquisser, le développement d'une recherche évaluative et actuarielle, au service des institutions et organisations sociales et judiciaires, oblige néanmoins à apprécier certains risques de psychologisation, en même temps que la nécessité de préserver la consistance d'une perspective clinique et psychopathologique.

Dont l'ouverture aux processus de non subjectivation de l'agresseur sexuel, à son expérience intime de la violence et de la souffrance de l'autre, resterait indispensable. Le soin psychique pourrait devenir rapport de force et d'autorité. Donc s'éloigner de la philosophie définissant l'éthique de toute relation thérapeutique. Quelle qu'elle soit. L'envahissement tyrannique auquel l'agresseur sexuel n'échappe pas ne relèverait pas du seul traitement moral, social et éducatif initié par l'ordre pénal. Ainsi que de la seule confession, de la « véridiction », selon Foucault (2). Le soin psychique de l'agresseur sexuel ne se limitant pas à une simple pratique discursive visant à la recherche préventive d'un savoir. Soin différent, le travail relationnel avec le patient y engage la puissance d'une dimension sociale et rééducative essentielle dont les acteurs, thérapeutes, doivent néanmoins toujours fondamentalement se distancier.

Même si l'interférence avec ce qui est de l'ordre de la subjectivité de l'intime, de l'inconscient, bien sûr, n'échappe, pas à cet environnement extérieur, toujours bien présent. Lequel impose pratiquement et nécessairement des épreuves agencées par des dispositifs essentiellement répressifs.

Si la spécificité d'un travail associant violence, pulsionnel et social, est liée à des préoccupations, au sens large, psychothérapiques, la dimension préventive est attendue, toujours laborieuse, improbable, ajouterons-nous.

Des lignes d'analyses différentes associent diagnostic, fixation d'une culpabilité traumatique, capacité d'un agresseur à parler à un interlocuteur le plus souvent imposé, puis, à un autre niveau, permanence d'un contrôle social et judiciaire, évaluation pronostique de comportements rédhibitoires.

Qu'attendre d'un sujet évoquant, parlant de lui « le désintérêt de soi-même » ? Comment situer le point de vue initial des agresseurs sexuels vis-à-vis d'une démarche mal connue ? Vis-à-vis d'un contexte où la prison joue toujours un rôle fondamental et inéluctable ? Cerner la difficulté fondamentale d'entretiens approfondis avec des agresseurs sexuels condamnés ne serait-il pas prendre en considération des transformations et perturbations profondes des conditions d'existence et donc, de multiples conflits ?

Puis, de même, assumer la conséquence d'une confrontation tout à fait cruciale à un environnement social et judiciaire légitime, mais aussi, eu égard au constat de l'acte de déshumanisation sexuelle, impitoyable, irréductible ?

La rencontre de psychiatres, psychologues, conseillers pénitentiaires d'insertion et de probation, surveillants pénitentiaires, magistrats sera intéressante, elle nous apportera des éléments d'ouverture et d'approfondissement. Nous y verrons que les interventions professionnelles sont toujours, de facto, complexes et problématiques et il conviendra de les analyser.

Les praticiens, confrontés à un sujet, très souvent en retrait, dépourvu de culpabilité, devront intégrer des éléments liés à une abolition interne de la sexualité, mais aussi un point de vue relatif à la perception d'un dispositif essentiellement répressif et stigmatisant.

L'identification professionnelle de celui qui reste, malgré tout, un usager ne peut, en ce sens, que répondre à des logiques différentes, antinomiques, paradoxales. L'accentuation de certaines tendances peut ainsi s'avérer favorable ou bien contradictoire au soin.

Nous aborderons dans la première grande partie la problématique générale de la réalité psychique des sujets agresseurs, les difficultés structurelles relatives à leur prise en charge, les divers effets de discours, juridicisation et psychologisation.

Puis, dans ce contexte, la difficulté d'associer sexualité, souffrance, jouissance mortifère et perverse, constitutives d'une psychopathologie existentielle. Il s'agira donc essentiellement de retenir l'écoute et la parole de sujets. Donc de percevoir, ce qui est essentiel, stigmatisation et relégation, dans le sens du renforcement de fragilités identitaires conséquentes.

La deuxième partie traitera des enjeux liés aux différents champs professionnels, thérapeutiques, sociaux, judiciaires. Davantage axée sur les multiples difficultés relatives à l'organisation des prises en charge et suivis, nous traiterons des limites du soin, de l'immixtion des pratiques pénales dans le soin, des effets de l'injonction. Psychologues, psychiatres, conseillers pénitentiaires d'injonction et probation, agents chargés du traitement pénal interviendront. L'avancée de ce travail nous conduira à poser la question épistémologique d'un soin en recherche de son rapport fondamental au psychique, au sexuel, in fine, à la clinique.

Références

1. Ciavaldini A., Psychopathologie des agresseurs sexuels, Masson, Paris, 1999.
2. Foucault M., Naissance de la biopolitique, Cours au Collège de France, 1971-1978, EHESS, Paris, 2004.

Première partie

DISCOURS, PAROLE, PSYCHOPATHOLOGIE, PSYCHOLOGIE CLINIQUE ET SOCIALE DES SUJETS AGRESSEURS SEXUELS

Introduction de la première partie

LE SUJET AGRESSEUR SEXUEL FACE AU SACRIFICE IMPLIQUÉ PAR LA CONDITION PÉNALE

Le sujet agresseur sexuel éprouve, tout au long de son parcours pénal, l'expérience d'une difficulté générale à vivre et intérioriser discours, pratiques, représentations sociales, souvent, selon lui, perçus comme impitoyables. Le regard adressé à sa subjectivité, à sa vie sexuelle, lui semble le plus souvent hostile. Il apparaît, structurellement, au centre de la rencontre des professionnels.

Des pratiques de condamnation s'imposent à lui, la pensée du sexuel devient plus compliquée, évoque ce qui semblerait bien apparaître comme le sacrifice impliqué par l'injonction soignante et judiciaire.

La particularité de celle-ci associe diverses pratiques et vise une bien improbable réhabilitation sexuelle. Si discours et pratiques se réclament de l'attention clinique à la psychopathologie sexuelle, l'enjeu se situe également au plus près de ce que recouvre la globalité de la notion orthopédique de traitement (1). Ainsi, ce qu'a signifié le recours à l'acte d'agression sexuelle n'implique-t-il pas initialement de demande. Il s'agit, pour l'agresseur, clivé, impuissant, soumis à la rage, au désespoir, à la terreur, d'accepter une posture, à tout le moins, ambivalente, un consentement, une injonction et une contrainte forte.

Condamnation, expertise psychiatrique, maladie, psychothérapie, peut-être, s'imposent au sein de la mise en jeu et des modalités du dispositif de prise en charge.

— Le chapitre I regroupera le récit des sujets condamnés et soignés, leur histoire, leur souffrance, la rationalisation des symptômes, l'actualité du devenir de vies sexuelles caractérisées par un sentiment d'amputation.

Des similitudes apparaissent. La description des faits, des passages à l'acte, celle aussi de la condamnation, met en exergue une impression de transformation, de perte, pénalement ordonnée, aux conséquences objectivement, socialement et psychiquement redoutables.

— Le chapitre II développera une réflexion portant sur la réalité et le sens du traitement, ce qu'en perçoivent les sujets, comment ceux-ci sont constamment soumis à la pensée du risque potentiel (2)? Comment et pourquoi y a-t-il une spécificité d'un regard du soignant, acteur du dispositif, mais aussi dépositaire du droit, de la morale, de la médecine, et par là, essentiellement de l'injonction et de la contrainte ?

N'y aurait-il pas, évoquant le soin psychique, emprise et contrainte, contradiction, oxymore ? Nous verrons qu'il y'a complication, que la problématique du consentement est tout à fait centrale. Qu'elle transforme profondément objet et finalité du travail engagé.

Chercher à préserver ce qui serait, à proprement parler, de la « psychothérapie », ne serait-il pas, alors, une recherche toujours inaboutie, peu à même d'entrevoir la logique du désespoir d'un condamné toujours soumis à la nécessité de fournir des gages, conformément à l'évolution comportementale attendue ?

Quelles possibilités, dans un cadre répressif, dans la logique d'un contrôle social approfondi, situer un mal-être difficilement objectivable ? Comment, chez un sujet plus ou moins conscient de son symptôme, remanier sa vie sexuelle, avec tout ce qu'elle implique au plan fantasmatique et inconscient ? La parole permettrait elle véritablement, à celui-ci, de « s'en sortir », à priori.

Assujettissement, contrainte, injonction pénale, dominent, structurent le dispositif, s'imposent à l'éventuelle attente d'un sujet en souffrance et susceptible de se remettre en question. Dans un contexte où l'on s'interrogera sur sa capacité à entrevoir ce qu'il ne parvient plus à identifier de sa sexualité. Là où l'autorité coercitive de la logique pénale, l'inscription d'une stigmatisation sociale et psychique, pourrait amener d'insurmontables difficultés, peu susceptibles d'initier la mise en place d'un travail sur la subjectivation, le sexuel, la disparition de l'altérité. Comment associer stigmatisation, anormalité, carcéralité, probation, à ce qui se situe, par ailleurs, au plan d'une psychopathologie d'une certaine souffrance sexuelle à l'origine de l'intensité de passage à l'acte sexuel violents ? (3).

Comment analyser les effets de pratiques associant traitement et répression, des effets de discours à même d'occulter l'émergence d'une parole d'un sujet aux prises avec des difficultés d'expression affective, associative, verbale, essentielles ?

— Le chapitre III prolonge et développe la problématique clinique. L'institution du soin appliqué aux agresseurs sexuels est-elle à même d'écouter ce qui nous apparaît du domaine de l'improbable, voire de l'inaccessible ?

Comment le sujet agresseur sexuel conçoit-il encore le devenir de sa vie sexuelle, effectivement, compromise ? Jusqu'où la spécificité de la prise en charge conserve-t-elle sa signification ? Quelles sont ses limites ? N'y aurait-il pas indétermination par rapport à la vie sexuelle de ce patient confronté à ses affects et pulsions ? Le schéma d'une relation soignante classique s'estompe, la relation clinique, éthique et transférentielle s'épuise (4). Même si elle n'exclut certes pas l'effort théorique impliqué par la confrontation à de l'agir pulsionnel brut.

La perspective évolue, la représentation normative de la sexualité, des comportements, et ses corrélats, s'impose peu à peu. Si ce qui s'institue, plus précisément une psychothérapie, nécessite l'appui de la psychologie et la psychopathologie, l'énonciation faite au patient bute sur ce qu'il apporte avec lui, son histoire, sa vie sexuelle. La relation vacille, la présence d'une symptomatologie « limite » met en échec ce qui se joue au plan de la soumission, mais aussi du corps sexué du patient agresseur sexuel. Effets de postures, de positionnements, contribuent à l'estompage d'une relation où le blanc ou bien le brouillage du discours du patient, compromettent d'emblée ce que serait son point de vue, quant à son devenir, les divers aspects matériels, sociaux, affectifs, sexuels, de sa vie future.

Chapitre I

HISTOIRE, DISCOURS, SYMPTÔMES ET PRISES EN CHARGE DE PATIENTS

Il y a, chez l'agresseur sexuel, une complexité, d'ordre psychique, dont nous savons que l'abord clinique, thérapeutique, judiciaire est particulièrement compliqué, difficile et ambigu. La rencontre du professionnel, thérapeute, clinicien, se situe bien au-delà des schémas de la relation classique de soin. Le sens qu'elle prend évacue, au moins pour partie, l'affect. Elle s'établit d'abord dans un cadre judiciaire où tout échange, toute relation clinique, toute dimension fantasmatique ne peut s'exprimer qu'à partir du codage pénal et de la sanction. Besoins et désirs du sujet s'estompent (5).

Nous nous situons d'emblée dans un contexte de condamnation à laquelle le sujet oppose fréquemment son déni. Incriminé à la suite de certains comportements sexuels criminels, il s'inscrit malaisément dans une relation interpersonnelle d'abord perçue comme contraignante, autoritaire, liberticide. Rencontrant des condamnés, dans un cadre de recherche, indépendamment et parallèlement aux prises en charge, en cours, terminées, interrompues, nous présentons la synthèse des discours de sujets « agresseurs sexuels » (6). Qui, exposant leurs points de vue, décrivent des contextes singuliers où l'environnement prend une signification extrêmement complexe. La généralité du codage judiciaire n'accède que partiellement à la compréhension des faits dont l'objectivation s'estompe. À la recherche des raisons du passage à l'acte sexuel violent, la logique pénale s'éloigne de la prise en considération de la réalité intime, familière, silencieuse, de processus de pensée, ainsi que des transformations liées à la soumission à l'emprise du dispositif pénal. Le rôle du chercheur serait ici, selon nous, d'approfondir l'étude des conditions et de la signification de l'engagement, par le praticien, d'une relation de terrain particulièrement complexe, d'en permettre la narrativité et l'interprétation, polyvoque et extensive. Dans ce qui constitue, il est vrai, une démarche, extérieure au cadre juridique et thérapeutique dominant, où se situe d'abord le patient. Notre passage du statut de praticien à celui, donc, de chercheur devient, non sans difficultés, parfois peu maîtrisables, évidemment, essentiel.

1 – Étude de cas : Patrick

Patrick, quarante-deux ans, cadre informaticien, est condamné à quinze ans de réclusion criminelle pour des faits qualifiés en droit pénal de viols. « Viol avec circonstances aggravantes commis sur une femme de trente-deux ans. »

Patrick est vu dans le cadre d'une peine de probation. Il a vécu dans une famille austère, rigide. Ses parents étaient âgés, il se sentait seul, perdu, littéralement écrasé.

Il dit se souvenir de ne jamais eu la possibilité d'exprimer ses émotions, il n'avait pas confiance, ressentait des impressions menaçantes. Il ne pouvait jamais parler de lui ni demander quoi que ce soit. Sa mère ne l'aimait pas, ne lui accordait que peu d'intérêt. Les souvenirs relatifs à l'enfance restent pauvres, lacunaires.

La jouissance sexuelle, le plaisir, n'apparaissent pas, pas de moments de joie, plaisir, satisfaction, au cours d'une enfance « grise, sinistre, terriblement déprimante ».

« Mon père ne s'intéressait pas du tout à moi, c'est clair. C'était un homme dont je ne savais rien, au fond. C'était une famille où il ne se passait pas grand-chose. Mais, quand même, quelle tristesse, quel abattement. Maintenant, très longtemps après, je peux en parler comme ça, mais enfant, bien sûr que je ne rendais pas compte de ce que j'étais malheureux […] Je ne parlais peu, presque jamais. Je n'avais jamais l'impression de pouvoir dire ce que je pensais vraiment […] Je n'échangeais pas, j'avais l'impression que mes parents ne s'intéressaient pas du tout à moi. Mon père ne me parlait pour ainsi dire jamais, rien. Mais malgré tout souvent des reproches, des attaques voilées, insidieuses, ou bien plus agressives, Je n'en comprenais pas le sens, sauf que je pouvais décidément être quelqu'un de mauvais, de raté. J'étais très solitaire, anxieux, je ne parlais à personne, toujours replié sur moi. »

La mort de son père, alors qu'il était encore très jeune fut éprouvée comme douloureuse, malgré tout. « Décidément je perdais un père qui ne m'avait pas compris, un départ inéluctable, tragique, un mystère à tout jamais perdu, et c'était peut-être aussi de ma faute, s'il ne m'avait jamais aimé. Un cauchemar, une réalité aussi, en même temps ».

L'enfance fut, on le voit, essentiellement douloureuse, les investissements affectifs nécessaires au développement manquaient. Un environnement familial carencé, vide et déprimant s'imposait, juste avant l'adolescence.

C'est au cours de celle-ci que Patrick rencontre enfin quelqu'un qui s'intéresse à lui, une jeune voisine, avec laquelle il fera la révélation inattendue et surprenante de « jeux sexuels » jusqu'alors inconnus. Âgé de onze ans, Patrick découvre la transformation post-pubertaire de la réalité de son corps sexué.

« Je me rendais compte que j'avais grandi sans rien savoir du sexe. Cette fille s'occupait enfin de moi, je n'avais pas rencontré ma mère, au fond, c'était elle, c'était étrange. À partir de là, je n'avais de cesse de me barrer, d'aller la voir, dans une grange, à côté de chez moi. Je n'étais plus seul. Ma mère n'en savait rien, elle ne voyait rien, ne remarquait rien. Cette rencontre inouïe de cette fille de treize ans (Pascaline) est mon souvenir essentiel. C'est là que j'ai commencé à avoir une très forte attirance pour les jeunes filles, très forte, trop forte ».

Évoquant sa trajectoire sexuelle, Patrick nous explique que cette rencontre a bouleversé sa vie, son rapport aux autres, aux femmes. L'entretien nous confirme l'importance cruciale de celle-ci, son incidence future.

« J'étais triste, seul, malheureux, je m'ennuyais beaucoup. Cette aventure m'avait fait beaucoup de bien pourtant. Après c'est devenu bien différent. Ma vie est pourtant restée vide, ennuyeuse, pas beaucoup de projets, toujours beaucoup de mal à rencontrer des gens, des amis, des femmes. Le souvenir de Pascaline m'avait marqué, mais je ne réussissais pas grand-chose dans ma vie amoureuse, sexuelle, dans ma vie tout court. Il a fallu travailler, je suis entré comme technicien informatique à l'administration de l'éducation nationale. Ennuyeux, triste, malgré les vacances. Question finance, ça allait à peu près. En apparence, tout semblait bien se passer, mais dans ma tête, pas du tout. Pas de relation féminine, pas de relation sexuelle. La nostalgie, le souvenir obsédant de Pascaline qui traversait ma vie et mes pensées. La misère. Puis un jour, je rencontre Emma, une voisine, en fait. Je vivais tout près de chez elle, facile de la rencontrer, de la voir, de l'observer. J'allais chez elle, de temps en temps, mais elle ne se rendait pas compte de l'effet qu'elle me faisait. Un jour j'ai essayé de lui dire, mais j'étais très mal à l'aise, extrêmement tendu, crispé, impuissant, en fait. Petit à petit, elle a complètement envahi mon univers de vie. J'essayais bien de ne pas penser à elle, rien à faire, elle était toujours là, dans ma tête, son visage, son corps. Toujours présente dans ma vie, présente ou absente, je la voyais de temps en temps, je n'allais plus chez elle. Un grand vide, un trop plein. Je ne savais pas grand-chose de sa vie, si elle avait des amants. Je ne posais même pas de questions. Comme une force irrésistible, une évidence, le corps d'une femme rousse, au teint clair, et moi à côté. Elle qui commence à m'appartenir. Quand même, je lui parle de temps en temps. Elle ne semble pas si intéressée, ne pas comprendre. Mais bien sûr qu'il y a autre chose, les tabous que je pressens chez elle aussi, qui ne me résistera pas indéfiniment, peut-être bien. Elle me fait penser au plaisir, à l'intensité retrouvée de Pascaline. C'était Pascaline, en fait. Pascaline et moi, à moi. Je l'observais dans la rue, souvent de loin. C'était quand même une souffrance. La découverte du sexe, c'est elle, elle seule, ça se fera de toute façon, c'est obligé, qu'elle en soit consciente ou pas, j'ajouterai, qu'elle veuille ou non. Obligé ! Comment faire, comment lui faire admettre, lui faire comprendre ? Même s'il faudra bien la brusquer, forcément ? De temps en temps, elle passait. J'étais sous tension, pas bien, mal. Refaire le monde avec elle, donc la vie, donc le sexe, comme avec Pascaline, comme avant, avec mes parents quand je ne savais rien, je ne savais pas. Ma pensée, intellectuellement, je ne maîtrisais rien du tout. Un sentiment extrêmement intense, surtout quand je la voyais, juste après. C'était complètement dingue, j'étais dingue, est-ce que je le suis encore maintenant ? Qu'est-ce qui m'a pris ce jour-là ? Pas évident du tout, poussé par une force envahie. Un soir, je l'ai vue arriver discrètement, monter les marches, discrètement, dans la pénombre. C'était crépusculaire, glauque, trouble, mais délicieux aussi. Elle m'a bien reconnu. Elle ne voulait pas, c'est sûr. Mais pour moi, c'était trop fort, c'était impossible pour elle de refuser. Une pulsion comme on dit. Tout ce temps à penser à moi, le plaisir [...] ».

« Pascaline, cette jeune femme qui était à ce moment tout ça à la fois, toute ma sexualité, toute ma vie, c'était elle aussi, comme une femme, une fille, une mère, j'ajouterais. J'ai agi, j'ai forcé le destin, je l'ai forcée, elle, elle a tenté de fuir, de s'échapper. Je ne lui ai rien dit, j'ai eu très peur, mais j'ai eu prise sur elle. Elle s'est débattue, mais je voulais faire ce que j'avais fait avec Pascaline [...] ».

« Après, ce qui s'est passé, je ne m'en souviens pas, en fait. Peut-être bien que c'était l'horreur. Et puis il y'a eu un avant, un après, forcément. C'est vrai, sans doute que j'ai été mal, après, j'ai peut-être bien été bouleversé. Elle a porté plainte, tout de suite. J'ai éprouvé un sentiment insupportable. Surtout après, quand je la voyais. Ce qui s'est passé entre elle et moi, ce qu'elle savait, c'était, c'est encore, impensable. Comme une sensation physique, un trou noir. C'est revenu comme ça, au procès puis dans les séances avec la psy. Je pense qu'elle me voue une haine profonde, innommable. Elle a disparu très vite, elle a déménagé. Mais ce que j'ai fait ce n'était pas non plus complètement de ma faute, il faut quand même le dire, même si ça vous étonne, sans doute. Pas évident, cette force en moi, Je ne pouvais pas faire autrement, cette femme arrivée comme ça, elle, pas une autre, mais aussi mon sexe et toutes les femmes ensemble [...] ».

« Après, si je vous parle de moi, c'est tristesse, pas forcément regret ou coupable, vous savez. J'ai bien du mal à vous parler de l'agression, avant, pas beaucoup non plus. Après c'était un peu l'horreur, un peu, seulement. Pas tant que ça, en fait. C'était quand même une façon de me retrouver, au plus profond de moi, l'intime, la pulsion. Elle aurait du savoir, elle aurait dû comprendre. Pourquoi ne voulait-elle pas faire l'amour, moi, plutôt qu'un autre ? Un peu comme si elle devait réparer une injustice, peut-être ? Dans le fond, elle aurait pu faire autrement. Après, elle ne m'a pas ménagé, mais alors pas du tout. Elle a tout fait pour que je morfle, que je prenne le maximum, avec les juges. C'est sûr qu'après, ma vie a complètement basculé. La prison, perdre tout, disparaître, des années d'enfer. Tout ça pour une affaire de sexe, pour une histoire malheureuse, pour le souvenir, un peu de mes parents, puis, surtout de Pascaline, l'amour entrevu, puis perdu. Perdu, comme ma vie, maintenant [...] ».

« Qu'est-ce que je deviens maintenant. À cause d'elle, avec les femmes, il faut bien dire que c'est quasiment foutu. Bien sûr que le procès, ça m'a tué. Liquidé. Cette femme, est-ce qu'elle m'a pardonné ? Non, sans doute. Mais moi, je peux aussi dire pareil, je lui en veux quand même un peu, moi aussi, je sais bien, mais quand même, comme dirait l'autre. Je ne sais pas ce qu'elle est devenue, grand bien lui fasse, elle n'a pas voulu m'aimer, aimer, c'était du sexuel, comme si elle m'avait un peu mise à mort, dans le fond. Je suis sorti de l'enfer, de ces interminables années de prison. Est-ce que je rencontrerai encore quelqu'un ? Bien sûr, vous me trouverez haineux, désabusé, cynique. Mais comment je vais faire, pour me sauver ma vie ? »

Patrick nous explique qu'il ne pouvait y avoir de relation sexuelle et violente, qu'avec une seule femme. Il ne pouvait y avoir personne d'autre à la place tenue par Emma. L'arrestation, la condamnation, la peine, ne se situent pas dans une logique d'aveu et culpabilité, mais d'exigence absolue.

L'acte d'agression sexuelle n'est pas reconnu comme tel. Il s'agit d'un témoignage évocateur de corps physiques, sexués, niant la subtilité de la dimension psychique de la victime, enjeu d'une conquête existentielle, vitale. Le discours centré autour d'un imaginaire de la découverte tardive et éruptive du plaisir sexuel.

Il montre comment, l'incontrôlable exigence addictive témoignerait d'une conquête désespérée, régressive et dépendante, du moi, transformant une femme victime en support d'utilisation d'objet échappant au processus psychique de pensée.

2 – Étude de cas : José

José, trente-deux ans, employé municipal, a été condamné à quatorze ans de prison pour des faits de viol commis sur mineure et détention d'images pédopornographiques. La fin de l'incarcération remonte à trois ans.

José est le quatrième enfant d'une famille de cinq. Son père est mort très jeune, sa mère l'a élevé seule. Sa vie professionnelle est présentée comme décevante.

Il nous parle de son enfance, de ses découvertes de la sexualité, très peu de son attrait pour les images pédopornographiques. Nous le rencontrons au cours d'un entretien où il se propose de nous parler de sa prise en charge psychologique.

« Avec les filles, très tôt, tout a été très, trop, facile. J'ai eu des relations sexuelles très jeune, douze ans, treize ans. Elles étaient d'accord, consentantes. Je n'en parlais pas, c'était des secrets avec des filles, mais elles en parlaient entre elles. Mais un jour, beaucoup plus tard, l'une d'entre elles m'a dénoncé. Je n'ai pas compris, je n'ai pas su pourquoi, en fait. Ma mère m'a dit après qu'elle savait, mais elle fermait les yeux. Je n'ai jamais vraiment su ce qu'elle en pensait. Elle ne m'a jamais parlé de sexualité, d'ailleurs. Pour moi j'avais beaucoup d'envie, et aux filles, ça leur plaisait bien, elles avaient douze, treize ans, mais elles aimaient ça. Moi, je n'étais pas beaucoup plus âgé. C'était bien. Après, évidemment, je me suis tourné vers des femmes plus âgées. Matures, pas toujours consentantes, je dois l'avouer. Et puis après, ça été autre chose, j'ai voulu retrouver des jeunes femmes, puis, de plus en jeunes, des filles pré-pubères. Elles m'attiraient, j'étais attiré. Femmes et enfants à la fois. J'ai voulu retrouver une jeune partenaire, elle ne voulait plus, je l'ai forcée, elle m'a dénoncé. Et là, qu'est-ce que j'ai morflé. La prison, perte de boulot, la solitude, maintenant, tous les jours. Désespérément seul ! Est-ce si grave ? Je me demande et je me dis parfois que non. Question de morale, punition pour l'exemple. Comment ça s'est passé, avec les gamines ? Vous croyez que je m'en souviens ? Je ne me souviens plus des petites. J'étais énervé, excité, ça c'est sûr. Après ? Compliqué, tout ça, en tout cas, je ne me souviens pas d'avoir fait du mal aux petites, elles étaient d'accord, je pense. Après ? C'était rapide, fugace. C'était un manque de maturité, évidemment. J'ai eu du temps, beaucoup de temps pour y réfléchir, en prison, ailleurs [...] ».

« Une grosse faute, comme je le pense aussi, mais je ne me pense pas comme si j'étais un prédateur, ça non. Toucher ces petites filles les caresser, c'est comme avec les grandes. Non, peut-être pas, ce n'est quand même pas pareil, je le reconnais. Tout cela, je dois en parler, me confesser, c'est compliqué, c'est dur pour moi. On essaye de me faire comprendre que les pratiques pédophiles, c'est la pire des choses. Je comprends et je ne comprends pas. Comment vous dire ? La franchise, ça se retourne toujours contre moi. Alors je ne sais plus quoi dire. L'image de ces enfants me trouble, mais ce n'est pas une image de haine ou du mal que j'ai pu faire. C'est autre chose. Je suis d'accord avec vous, mais pas toujours […] ».

« L'important, ce dont je me souviens bien, c'est l'excitation, le bonheur du partage avec les enfants, une plénitude. Avec le psy, parfois, c'est vrai, j'ai un peu de honte, pas beaucoup, en fait. Celle de profiter de la faiblesse des jeunes filles, des fillettes. Celle, comme il me dit, d'être un prédateur, ce que je ne pense pas vraiment. Des attouchements, rien de moins, rien de plus, je vous le répète. Je pense être resté honnête, malgré tout. Dire que les petites filles ne me troublent plus, je dois vous le dire, ce ne serait pas vrai. »

Évoquant la dénonciation, José continue à la considérer comme injustifiée, allant jusqu'à parler de mauvaise foi. La difficulté de parler ne va pas sans hésitations.

La perception de la relation parentale, ce qu'elle évoque d'intime et de sexuel, d'interdit structurant, ne nous semble pas être de l'ordre de l'évidence de la prise de conscience. Tout comme celle de la culpabilité relative à la violence et à la victime. Peut-être, un dilemme ?

José parle d'attouchement, de plaisir et de quelque chose qu'il ne saurait définir. « Quelque chose comme une souffrance, toujours bien présente, qui ne partira jamais plus. Quelque chose comme un besoin, parfois mis entre parenthèses, mais qui revient. La prison, là-dessus, ça n'a absolument rien changé. Comme une force en moi, qui me pousse à retrouver l'enfance avec quelque chose de plus, du côté du sexe. Adulte, enfant, je pense que c'est à peu près pareil. La fille, elle n'aurait pas dû en parler, couvrir. Dénoncer, ça voulait dire pour moi, une vie intenable, comme maintenant. Tout s'est fait, avec les gamines, dans la gentillesse, pas de violence, en revenir à l'essentiel, le sexe et l'enfant que j'ai été que je suis toujours, au fond. Je suis un jeune adulte et j'ai eu une activité sexuelle avec des jeunes femmes puis des filles plus jeunes. Je ne conteste pas, je regarde les choses en face, c'est tout. Je suis comme tout le monde, le sexe me trouble, celui des petites filles et des femmes encore plus. Je suis resté dans l'illusion, je n'ai sans doute jamais fait le passage qui m'aurait emmené vers la vie d'adulte ».

José admet donc une responsabilité, mais dans le sens d'une recherche personnelle présentée comme légitime et même morale. Il n'évoque qu'assez peu la prison. Encore moins la prise en charge psychologique effectuée par ailleurs. Souffrance et déception s'affirment, accompagnées d'un sentiment d'injustice. La réflexion sur l'identité et le destin sexuel s'affirme.

« Pas de regrets. Pas forcément le choix non plus. Je ne regrette rien, même si j'ai dû subir la prison. J'ai fait le choix, je reconnais, j'assume pleinement. Comment parler de réinsertion ou bien de guérison ? Je suis toujours pareil, je n'ai pas changé, je ne changerai plus. C'est comme ça, ma passion sexuelle ne disparaîtra pas, même si on veut me persuader du contraire. Bien sûr que je veux me reconstruire. Que je ne veux pas retomber, plonger à nouveau. Il faut renoncer, difficile, impossible ? ».

Intérioriser, se transformer, changer, l'enjeu est ici de taille. José ne s'y inscrit pas véritablement. Il dit ne pas pouvoir être en mesure de garantir sa capacité à définitivement exclure des passages à l'acte, qu'il s'efforcera tout de même de contrôler. Il dénonce la condamnation judiciaire, sociale et morale, à laquelle il n'échappera plus, jusqu'à sa mort.

L'impression d'une dépossession s'insinue. Ses explications et rationalisations nous renvoient à l'idée d'une incapacité ou impossibilité à véritablement s'engager au projet de soin auquel il ne saurait plus véritablement adhérer.

3 – Étude de cas : Philippe

Philippe est encadrant socioéducatif. Il a quarante-deux ans. Il a été condamné à quinze ans de prison pour des faits de viol, avec circonstances aggravantes, par ascendant et corruption, sur mineur de quinze ans. Il a été récemment libéré et doit porter un bracelet électronique. Il encadrait diverses activités avec des adolescents et préadolescents lui permettant de nombreux contacts, organisait divers stages, culturels et professionnels. Les relations avec les jeunes stagiaires s'avéraient souvent propices à une grande intimité. Les activités proposées, les séjours et voyages partagés, l'organisation d'activités multiples donnait lieu à une évidente proximité.

« J'ai toujours beaucoup voyagé avec les jeunes, ça peut peut-être tout expliquer. C'était ma grande passion ainsi que celle de tous les jeunes que j'encadrais, que j'emmenais avec moi. C'était un très gros boulot, ça, c'est sûr ».

L'administration, les familles accordaient, à priori toute confiance à Philippe. Il nous parle d'emblée des faits ayant amené sa condamnation des faits déjà, là encore, anciens.

« Je vous parlerai d'abord des sorties. J'avais affaire à des adolescents, toujours instables, dont la sexualité était importante, on ne voyait que ça, des fois. Ils se reposaient beaucoup sur moi ; ils posaient des tas de questions. Au début, il y avait une gêne qui a disparu, petit à petit. Après, on est devenus très proches les uns des autres, garçons et filles, ensemble. C'était cool, les rapprochements. C'est devenu de plus en plus intime. Un moment, on a fini par dépasser les limites, comme souvent, n'est-ce pas ? Ça a d'abord été des masturbations des uns des autres, de moins en moins discrètes. J'aimais, il y avait dans les groupes des jeunes filles tout à fait mignonnes. Elles n'étaient pas avec nous, à côté. Dans les hébergements, les tentes. Puis elles sont venues nous voir, certaines, pas toutes, les moins farouches, pas forcément les plus âgées. Il ne se passait pas grand-chose au début, mais on en est venu, petit à petit à des découvertes sexuelles. Mais pour certains ados seulement. Certains ont voulu me tester, là c'était sexuel, c'était clair […] Les choses étaient explicites. J'ai commencé avec G. on a fait notre truc, on s'est masturbé ensemble et puis après on a fait l'amour. Il n'avait que seize ans, c'est pour ça que j'allais avoir toutes les emmerdes après. C'était sexuel, mais c'était aussi cool. J'ai continué avec d'autres ados. C'était le jeu, c'était le plaisir aussi. Le groupe, l'environnement, le plaisir. Pas la mixité. Les garçons et moi, personne d'autre. Je me souviens encore très bien. Aucun regret, pas de remords… Du jeu, du plaisir. Une découverte en groupe puis des relations intimes ailleurs. Bien sûr que je n'aurais pas dû faire ça, en tant qu'adulte, encadrant, garant et responsable de la morale. Et alors, et puis quoi ? Donc il y'a eu ensuite la dénonciation, les interminables explications, justification. Une vie arrêtée, une vie suspendue aux accusations, ma mise en cause, de ma responsabilité, de ma personne, en fait. J'étais bel et bien condamné, perdu, sans espoir de m'en sortir. Je n'aurais pas dû, facile à dire, trop simple, aussi. Tout allait bien, jamais je n'ai essayé d'arrêter tout ça. J'ai fait ce que j'ai voulu. Mais il a fallu m'expliquer devant des juges. On m'a sommé de dire ce que j'ai fait à des mineurs. Il a fallu tout dire, absolument tout, ce que j'ai fait. Pas de sentiment, pas d'émotion, rien que me faire parler, me faire cracher, violemment, sans ménagement, un peu l'inquisition, quoi. On a essayé de condamner ma vie, toute ma sexualité, toute ma personnalité, je n'y pouvais plus grand-chose, malheureusement. Ça s'est passé comme ça ».

Des plaintes ont donc été posées. Des attaques, des reproches des familles, violentes, terribles, injustes aussi. Philippe dénonce la stigmatisation outrancière, la déformation ou la caricature des faits.

Il s'insurge à propos du contexte hostile et infamant sévissant, selon lui, au cours de multiples entretiens. Les discours, les questions, propositions et interprétations étaient d'emblée à charge ; systématiquement lourdes de suspicion.

« Mon travail, ma responsabilité, ce n'était pas rien c'était sérieux, quoique vous en pensiez. S'il y a eu des relations sexuelles, on n'a jamais pu reprocher grand-chose, paradoxalement […] Et il faut bien le dire, quel décalage entre ce qui s'est passé et ce qui a été rapporté de l'enquête. C'est clair qu'on voulait vraiment avoir ma peau […] On a même évoqué la barbarie, que je serais un dangereux prédateur sexuel. Demandez aux jeunes, pas un qui ne soutiendra ça. Non, la malveillance, la trouille des parents, l'opinion publique et la panique de la sexualité des jeunes dont je suis devenu responsable, comme le bouc émissaire. Qu'est-ce qui s'est passé, au fond, avec des ados, très près de la majorité pour la plupart ? Eh bien des relations de découverte, de partage, de bien-être. Alors là, psychiatres et psychologues qui s'en donnent à cœur joie. Ceux qui dissertent sur mon cas, perversité, danger, perversion. Soin, etc. Dans le fond, je serai une brute, avide de sexe, à soigner, pour lui-même et surtout empêcher de nuire et de récidiver ».

Philippe, pour l'essentiel, dénonce ce qu'il perçoit d'un système de manipulation et déformation des faits reprochés. Comme un coup de force judiciaire dont il dénonce des effets manipulatoires, falsifiés, mensongers. Tentant d'analyser les processus aboutissant à sa condamnation, Philippe évoque un milieu où sa personnalité n'a pas été respectée, donc véritablement jugée. Il se dit piégé par un milieu particulièrement hostile, faussement humaniste, hypocrite.

Ce qu'il qualifie parfois de lynchage n'avait pour objet que sa mise à l'écart, éloignement et emprisonnement de quelqu'un de dérangeant. Évoquant celui qui l'a dénoncé, Philippe évoque une impression de malaise, un climat malsain, occulté par les juges, selon lui.

La faiblesse de l'argumentation le révolte, l'essentiel, la relation amoureuse et passionnée, le « bonheur partagé », ont complètement disparu du procès. « Tout n'est que posture, pouvoir, entre soi, connivence, hypocrisie, d'un système, d'une grosse machine à vous broyer. Tout était joué d'avance, j'étais condamné, je n'avais pas la moindre chance de m'en sortir. Les juges étaient, par principe convaincus de ma culpabilité, leur conviction était faite, immuable, sans aucun respect ou écoute de ce que j'avais à dire. Tout était à charge, un procès à charge, bloqué, injuste, incohérent et qui n'avait d'autre sens que justifier une condamnation obligatoire. La toute-puissance, rien d'autre ».

Il y a évidemment discours de dénonciation, un très fort sentiment de justice d'argumentation élaborée. L'impression est aussi de manipulation, d'objectivisation, d'absolue soumission au pouvoir personnellement exercé par des juges.

Le jugement et la sanction du coupable désigné comme agresseur sexuel est, pour lui, sans nuance, totalitaire. Nous nous situons dans la criminalisation, l'accroissement considérable d'une répression. (1) La logique du procès est celle d'une conviction, d'une subjectivité, d'une opinion publique et politique, Philippe évoque un piège, une machinerie, sa parole est neutralisée, disparaît.

Il tente de « survivre psychiquement » à ce qu'il éprouve des ravages d'un système particulièrement violent et paradoxalement déshumanisant, définitivement éloigné de l'enjeu initial, la condamnation argumentée et pensée d'une sexualité qualifiée de violente.

4 – Étude de cas : Pierre-Henry

Pierre-Henry, âgé de quarante-deux ans, ouvrier spécialisé, a été condamné à quatorze ans de prison pour des faits de viol.

Célibataire, vivant seul dans une relative pauvreté socio-économique, Pierre Henry n'a que peu de relations, pas d'amis, entretient de rares contacts avec des parents âgés.

Évoquant son enfance, il la décrit comme difficile, solitaire, malheureuse. Ses parents sont présentés comme extrêmement autoritaires, tyranniques, « l'empêchaient de vivre ». La menace de punitions était constante, systématique. Fils unique, il ressentait l'impression d'être « de trop », de « gêner des parents qui le détestaient ».

« J'ai vécu toute ma jeunesse avec la peur au ventre. La honte, souvent ; la terreur, parfois. Différent des autres, rejeté, exclu. Je ne pouvais rien faire. Et la question du sexe, ça me travaillait aussi, je voyais bien que ça ne se passait pas bien, vraiment pas bien avec tous les autres, les garçons, les filles. Je ne comprenais rien, on se foutait de moi, on me méprisait, c'était clair, c'était de la colère et après, petit à petit, de la colère qui bouillonnait à l'intérieur de moi. J'étais mal, je découvrais la colère, la honte, l'humiliation ».

L'écoute clinique du discours de Pierre-Henry nous conduit à des hypothèses où l'on retiendra la difficulté majeure dans l'ouverture à l'autre, l'altération de l'image de soi, l'hostilité de l'environnement extérieur et, plus particulièrement, celle des jeunes filles, des jeunes femmes. Les explications vont ainsi dans le sens d'une perception victimologique de lui-même.

Tentant de décrire et expliquer ses agirs sexuels violents, Pierre-Henry éprouve d'importantes difficultés. « J'avais une peur panique des femmes, j'étais comme paralysé, figé, terrorisé, mais en même temps, le sexe, le plaisir, ça existait aussi pour moi, avec les femmes, forcément. Je n'étais pas bien dans ma tête, dans mon sexe. Cela a été un jour ma voisine, j'avais pensé qu'elle était différente comme les autres, mais pas tout à fait non plus. Je lui ai parlé, elle m'a écouté, elle m'a mis en confiance. Un sentiment très fort d'émotion, je ne savais pas ce que c'était. Petit à petit, une passion violente, impossible de la contrôler. J'avais basculé, c'était elle et puis toutes les autres femmes, elle me respectait, elle m'aimait, c'est elle qui me fera découvrir le sens de ma vie, par la sexualité qu'elle allait me donner en s'ouvrant à moi. Non, ce n'était pas un dérapage, bien au contraire, une logique, un aboutissement, une fin en soi, ma vie, ma vie sexuelle, enfin. Cette jeune femme, j'y pensais, j'y croyais, mais elle n'a pas compris que ça devait se faire, qu'il fallait, absolument. Pour ça, c'était comme ça et alors j'ai fait toutes ces années de prison, horrible, injuste, ma vie sexuelle sous séquestre, ma vie, ma personne, incomprise, ruinée, anéantie. Ma vie a été anéantie, ma sexualité, elle n'existe plus, les femmes m'ont condamné, elles aussi, pourquoi ? J'avais un besoin absolu de cette femme, comme ma mère. C'est bien de sa faute aussi, la peur, la terreur des femmes, le sexe, une vie perdue, manquée, Tout s'est très mal passé, c'était comme ça, pas autrement ».

L'explication de l'agression, du passage à l'acte, est avant tout celle d'un manque, d'un échec, d'une incapacité à structurer une vie sexuelle inaboutie, rendue à l'archaïque. La perception de celle-ci, les carences identificatoires développent un sentiment d'exacerbation d'angoisse, sinon de terreur, devenu incontrôlable.

Ce qui a pu être mis en place d'un travail sur soi-même, son histoire, n'a que très peu contribué à l'apaisement, à une perception plus sereine de l'environnement social et relationnel, aux femmes, plus particulièrement. La signification dominante d'une perception dramatisée et parfois panique, aux femmes n'a pas pu être parlée, élaborée.

Le travail psychothérapique poursuivi dans un contexte post carcéral n'a aucunement permis de restaurer une place sociale lui permettant progressivement d'acquérir des comportementaux sociaux acceptables. Ce qui correspondrait à des objectifs de normalisation psychosociale n'a donc pas abouti.

La perception des femmes est toujours problématique. Les mécanismes psychiques engageant l'intériorité, l'inconscient, la sexualité, restent peu abordables, entretiennent des représentations hostiles à l'encontre d'un sujet marginalisé, isolé, exclu, peu assidu vis-à-vis des obligations imposées de suivis thérapeutiques.

5 – Étude de cas : François

François, trente-deux ans, actuellement sans emploi, touche le RSA. Il a été condamné à quinze ans de réclusion pour des faits de viols agis sur des mineures de quinze ans. Les entretiens ont lieu juste avant la sortie de prison. Nous n'avons eu que peu d'informations concernant ce sujet.

François ne nous parle d'emblée que de manière abstraite ou allusive. Il semble particulièrement gêné, angoissé, s'exprime peu.

L'explication des conditions du passage à l'acte apparaît tout à fait lacunaire. Vivant dans un milieu plutôt pauvre, François évoque, lui aussi, une jeunesse caractérisée par le repli, une certaine tristesse, le désarroi éprouvé auprès des filles, l'émergence chaotique et angoissante d'une sexualité irruptive, tensive, inquiétante.

Décrivant ses premiers émois sexuels, François nous parle de colonies de vacances, de la plage et de la vue de corps féminins dénudés. « C'était très fort, très violent, l'émotion, une poussée que je ne contrôlais plus, qui me faisait bien perdre la tête. J'avais treize ou quatorze ans, je matais, un peu bête, étourdi. J'avais des envies vraiment intenses, mais je ne savais pas quoi faire, je ne pouvais rien faire, j'étais mal, finalement. Ça n'allait plus me quitter, tout ce qui m'arriverait après, à partir de là ».

François va, par la suite, évoquer les faits d'agression sexuelle commis à partir de la vingtième année. Il nous précisera : passion éprouvée auprès de jeunes filles adolescentes, « entre quatorze et dix-huit ans ».

« Je n'étais pas à l'aise, j'étais mal, j'avais peur, et pourtant, c'était plus fort que moi. J'allais à la sortie des lycées, j'essaye aussi d'aller dans des boums, ou bien dans les grands magasins, au cinéma, partout où je savais que je rencontrerai des filles, belles, sexy, sexe. Difficile à dire que je pouvais savoir qu'il y avait des interdits. Je me disais que l'amour, comme pour chacun de nous, c'était une conquête et une évidence. Les jeunes filles, c'était étrange, c'était une attirance forte. Quand je rentrais chez moi, que rien ne se passait avec les filles, je rêvais, je revois les scènes avec les filles et puis je me masturbe. Après, mes souvenirs, c'était bien de passer à la réalité, à l'acte sexuel avec les filles, acte d'amour aussi, peut-être, je ne sais plus très bien. Comment ça s'est passé, ça a été à peu près pareil à chaque fois. Je les rencontrais, je cherchais avec laquelle sympathiser, même si je ne disais pas grand-chose, je n'étais pas trop intimidé, mais pas à l'aise non plus. Je leur disais de venir faire un tour avec moi, chez moi, dans ma chambre. J'étais terriblement excité, tendu, anxieux aussi. Elles semblaient à peu près comprendre ce que je voulais. Mais elles, elles ne voulaient pas. Comment dire, de la curiosité, mais aussi l'impression qu'elles étaient dégoûtées. Du désir, les avoir, les pénétrer, faire l'amour, c'était impossible. Un jour pourtant, j'ai demandé à une très jeune fille, belle, très belle, fraiche, naïve, peut-être douze ou treize ans ».

La description des actes d'agression sexuelle apparaît alors artificielle, vide. L'aspect relationnel, le non-consentement, la violence sont occultés. « Je ne la connaissais pas, elle n'était pas hostile, pas farouche, celle-là. Elle est venue chez moi, je l'ai prise, serrée, caressée. Elle a été surprise, s'est débattue, s'est sauvée, moi, je n'ai pas fait grand-chose, j'ai déchargé, ça n'a pas duré longtemps, je n'ai pas eu ce que je voulais. Plein de choses après, dans ma tête, qui se mettent en place. Compliqué, de la gêne, de la peur, mais pas de regret, je ne me sentais pas coupable, je n'avais pas l'impression d'avoir fait du mal, de lui avoir fait du mal. Et puis après, comme vous devez savoir j'ai eu une occasion, plusieurs occasions, trois ou quatre fois, je pense. Ça se passait toujours à peu près pareil. En fin de compte, je n'y prenais pas de plaisir, beaucoup d'excitation et puis ça s'arrêtait, net. Elles ne voulaient pas, ça ne se passait pas bien, très vite, furtivement, comme un vertige. Souvent, je repense à cela, avec un sentiment de trouble, noirceur, une immense solitude, une chape de plomb pour toute ma vie. Et puis j'ai peur. Ces moments dont j'essaie de vous parler, c'était toujours un stress incroyable, insupportable, avant, et puis après, ça revenait, je n'étais jamais soulagé, jamais tranquille. C'est vrai, je suis peut-être allé trop loin, mais alors ? Des fois, je suis incontrôlable, encore maintenant, la prison, ça n'a rien fait, ça n'a rien changé. J'essaie, mais je continue toujours à chercher quelque chose, avec les femmes, du sexe, de l'amour, difficile à dire, mais impossible de sortir ça de ma tête. On m'accuse pour tout ce qui est si difficile pour moi, pour toutes ces femmes qui me détestent, et ça, ce n'est pas de ma faute [...] ».

« C'est moi, c'est vital, c'est ma vie. Comme une force, pulsion, une intensité en moi, j'en parle au passé, mais au présent aussi, si c'est quand même un peu moins fort maintenant, que je peux essayer d'en parler, même si ça ne solutionne pas grand-chose. Je ne partage rien, c'est vrai, je suis égoïste. Mais je ne me sens pas si coupable. Des victimes ? Peut-être un peu ».

Vivant seul, François nous fait part d'évidentes difficultés de tous ordres, psychiques, matérielles, sociales. « J'essaie, tant bien que mal de me reconstruire, une autre vie, après la libération, après la prison. Je n'y arrive pas. Impossible. Ça marche un petit peu, puis je reviens en arrière, je retrouve toujours les impasses, le sexe, la tristesse, les femmes. C'est toujours pareil, seul, presque pas d'argent, pas de boulot, pas d'amis, pas de famille, tout et rien, la galère et la tristesse, tous les jours. Tout le temps à voir de loin des femmes, je ne leur parle pas, elles ne me parlent pas, c'est la misère, quoi. J'ose penser à ça, mais je ne comprends pas le fond des choses, ce qui, au fond de moi, fait du manque, un raté. Qu'est-ce qui fait ce mystère du sexe, le désir, l'insistance, la force des pulsions, et puis toujours après une immense déception, une douleur insupportable, un grand vide ? Quand j'ai tenté d'approcher ces filles, les agressions, sans doute, ça s'est très mal passé, de mal en pis, encore maintenant, rien qui n'aille mieux. Faire l'amour, c'était un besoin absolu, c'était comme ça. Donc, je suis obligé d'agir, de forcer, et quand il y a eu des filles qui ont bien voulu m'accompagner chez moi, j'y suis allé, je ne sais plus comment en parler, ça durait si peu de temps, avant, après, ça oui, je peux mieux en parler. Depuis j'ai toujours eu la trouille. Avec les femmes et puis aussi tout le temps, l'enfer, un calvaire à vivre, tous les jours, au quotidien. Un moment, dans ma vie, la crise, c'est peut-être que mes parents ne m'ont jamais appris l'amour, ce que c'est que faire l'amour.

C'est terrible de vous dire tout ça. Vous, vous me dites : « Ne vous inquiétez pas. » Mais qu'est-ce que ça veut dire, pas grand-chose, au fond. Qu'est-ce que je peux faire maintenant ? Je suis triste, malheureux, je ne fais plus que me méfier, le malaise, la peur, les femmes, la sexualité, toute ma vie, c'est infernal. Et vous croyez vraiment qu'on peut guérir de cela ? Vous savez, je n'ai pas de souvenir des faits qui sont reprochés. Absolument pas. » « C'est comme une chose en moi, je ne sais pas en parler autrement, une pulsion, je vous ai déjà dit.

L'excitation était terrible, je ne pouvais rien faire, elle m'aimait et elle était en même temps ma chose. Ou plusieurs, ça s'est passé plusieurs fois. J'avais des pensées sexuelles puis celles de mon corps, corps d'adulte, d'enfant, d'adolescent, celui d'un homme, de mon sexe, tout à la fois, ensemble. Maintenant j'attends, mais je ne pourrai jamais dire que c'est fini, terminé, que ça ne recommencera jamais, je n'en sais rien de ce que je suis, de ce qui se passe dans ma tête et dans mon sexe d'homme, j'ai peur aussi, je vous le dis, comme d'une disparition de mon sexe, comme qui dirait coupé, castré, mutilé, j'ai fait des cauchemars, souvent, là-dessus. Je suis mal à l'aise, je n'arrête pas de vous le dire. Les femmes c'est mon problème, insoluble, au fond elles ne m'aiment pas, pas une seule, il faut se rendre à cette triste évidence, vous savez. Donc, s'il y'a eu des brutalités ce n'est pas de ma faute, la leur, plutôt, vous comprenez. Tout seul, infiniment seul, la masturbation, des fois. Et la prison, tout ça, ça n'a absolument rien fait, ça n'a rien changé du tout. C'est comme ça, malheureusement. C'est incroyable, cette peur panique enfouie dans moi, qui m'envahit tout le temps. Tout ça pour vous dire une vie injuste, un drame ».

François ne développe pratiquement aucun récit décrivant les faits, ce qui s'est passé. Il ne parle pas davantage de la prison, sa libération, une vie sociale apparemment chaotique.

Il parle de sa vie comme évoluant de manière catastrophique, comme s'il était, lui aussi, une « victime ». La représentation qu'il tente de donner de lui-même est avant tout celle d'une histoire marquée par un drame intime justifiant implicitement des agressions tout à fait désespérées.

Clivage, déni, nous confirment l'idée d'une impossibilité à reconnaître des actes. Même s'il y a néanmoins l'expression reconnaissable d'un vécu psychique, dénué de culpabilité et de honte.

Le récit fonctionne, malgré tout, traduisant l'intensité et la persistance d'un mal-être psychosexuel et aussi la prégnance d'un environnement social et judiciaire ressenti comme destructeur, menaçant et hostile.

6 – Étude de cas : Roland

Roland, quarante-deux ans, est condamné à douze ans de prison par suite d'actes répétés de viols aggravés. Roland insiste constamment sur l'histoire de son enfance marquée par d'importantes violences physiques et sexuelles. Il évoque les violences commises par son père à l'encontre de sa mère. Il décrit ensuite des agressions subies, en internat, lors de sa puberté. Il ne parvient à en parler, mais l'on perçoit chez lui, une difficulté à contrôler une émotion particulièrement intense. Concernant les faits d'agression sexuelle, de viol, il ne parvient pas non plus à soutenir un discours précisant les lieux, moments, contextes. Puis, à fortiori, à parler de ses victimes dont il ne parvient pas à fournir la moindre description physique. Tout au plus, évoque-t-il « des jeunes femmes ».

« Je n'ai pas du tout conscience d'avoir fait du mal. Ce que je sais aujourd'hui, ce qu'on m'en a dit, pourquoi on m'a lourdement condamné. Tant et tant de gens que je connaissais, des amis, collègues, des proches et puis tout le monde, quoi, m'ont fui, rejeté, condamné, le pestiféré. C'est la haine contre moi, tout le temps, partout, tous les jours. Donc j'apprends petit à petit à devenir vraiment mauvais, la honte, la culpabilité. Je deviens mauvais, j'arrive plus à vivre et accepter ma personnalité, c'est terrible. Avec ma famille, même avec ma famille ; vous vous rendez compte ? Mes frères qui ne me parlent plus du tout ».

La notion de culpabilité n'est pas ici véritablement présente. Roland se définit d'abord, lui aussi comme une victime. Il n'est plus vraiment l'auteur et l'instigateur des agressions. « Ma vie, elle est terrible, un calvaire, si vous voulez. J'essaie de faire ce que je peux, ce que j'espérais, ce que j'ai perdu petit à petit. Non je ne peux pas dire que j'ai forcé ces femmes qui se sont trouvées agressées. Il y avait une tendresse qu'elles auraient dû rechercher en moi et qu'elles n'ont pas su, pas voulu, trouver. J'ai craqué, c'est tout, c'est encore pire ».

La déresponsabilisation est évidente. L'impression de manipulation, objectalisation des victimes, s'impose. La relation aux femmes est définitivement conflictuelle, brutale, heurtée, dissymétrique. Pas d'évocation de stratégies destructrices et perverses, au contraire. La notion de violence sexuelle tend à disparaître du discours Le récit est essentiellement revendicatif, ne laisse que peu de place aux affects.

« J'ai vécu une vraie vie de merde, ce que j'ai fait, c'est ce que j'ai fait au jour le jour, c'est tout, point barre. Circulez, y'a rien à voir. Si ça s'est toujours aussi mal passé avec les femmes, c'est que je pense avoir essayé d'avoir des relations, de les séduire, d'être accepté et reconnu par elles, au bout du compte, rien, tintin, fiasco, incompréhension, amertume colère et rage, un sentiment très fort d'injustice. Trop dur à supporter ».

On retrouve évidemment l'incapacité à admettre une responsabilisation, l'impossible absence de reconnaissance de l'altérité de victimes, déni, des actes d'agression. Pas ou peu de stratégie préalable aux agressions, un déni, mais le sentiment d'un acte de contrainte extrême. Le récit n'intègre à aucun moment la réalité objectivable de l'acte délictueux.

7 – Étude de cas : Simon

Simon, trente-neuf ans, est condamné à dix ans de prison pour des faits de pédophilie. Reconnu coupable, Simon a lui-même subi des agressions sexuelles à l'âge de douze ans. Il a été agressé à plusieurs reprises par de jeunes adultes et a subi plusieurs viols. Des événements décrits avec un certain fatalisme et, apparemment peu d'émotion. Il n'exprime pas de souffrance, plutôt une paradoxale satisfaction. Il s'agit, selon lui, de pratiques courantes, ordinaires, peut-être bien banales.

Détachement, ironie, la teneur générale du discours surprend. Les actes de pédophilie s'inscrivent, selon lui, dans une continuité, une logique. Plus qu'une victime, Simon se présente comme l'acteur d'actes peut être bien assumés.

Parlant de cette expérience, Simon nous explique avoir été interpellé, à l'âge de treize ans, par un type lui enjoignant de monter chez lui. « Je ne savais pas vraiment ce qu'il voulait, mais bien sûr, dans ma tête, j'avais quand même une idée. Tu baisses ton froc, je veux te baiser, tout de suite, sur le champ. C'était un peu bizarre, un peu rude, mais je répondais à ses menaces, et je découvrais que ce n'était pas désagréable. Et même que, dans le fond, j'aimais bien. C'était une première rencontre, on ne se parlait pas, d'autres allaient suivre. Petit à petit, viol, pénétration, fellation, n'avaient plus aucun secret pour moi. Ma vie a changé, à partir de ces moments-là. C'est comme si mon histoire avait commencé ou recommencé là. Tout ce qui arrivait après, mon incarcération, c'est à partir de là que ça a vraiment commencé ».

Simon insiste sur la description d'une enfance et une vie familiale particulièrement conflictuelle et éprouvante. Le climat violent ne lui laissait pratiquement aucune place, aucune possibilité de s'exprimer Désintérêt et hostilité parentaux étaient systématiques. Simon insiste sur l'incapacité et le refus de toute forme de compréhension et reconnaissance. Pour lui, la famille n'a jamais été qu'une illusion, il ne savait pas ce que c'était, elle n'existait pas. Il n'expose cependant aucune explication permettant d'associer cette maltraitance infantile aux faits incriminés. Impossible mémorisation d'éléments inconscients, dénégation, évitement ou forclusion, difficultés majeures quant à l'histoire du développement psychosexuel ?

« Je dois vous dire que je n'ai jamais eu une vie sexuelle normale. En fait je n'ai jamais beaucoup agi, des enfants, bien sûr, mais c'était isolé, exceptionnel. Ma vie sexuelle c'était et c'est toujours l'imagination, l'image, le fantasme, le sexuel dans ma tête. Je dois vous dire, encore, toujours, la masturbation, ma vie sexuelle, c'est ça, ce n'est rien d'autre. Il y a eu des exceptions, avec des enfants, c'est vrai, mais c'était un petit peu comme une logique d'accident de parcours, rien de plus, rien de moins. De toute façon, ils voulaient, ils n'ont pas été malheureux, ils ne m'en ont pas voulu, je pense ».

Simon s'oppose avec véhémence aux diverses démarches où il a pu rencontrer des professionnels du psychisme. Il dénonce leur soumission délibérée à la répression pénale, leur hostilité, leur rôle d'accompagnement de procédures à charge. Les explications, l'écoute, l'accompagnement et les conseils lui semblent inutiles, empreints de la plus parfaite hypocrisie.

« L'affaire était réglée, les dés étaient pipés. Même si ce n'était pas dit comme ça, pour eux, j'étais un monstre. Ce qui m'était complètement intolérable, une violence totale, mortelle, injustifiée. Comment, ne serait qu'un court instant, leur faire confiance ? Leurs questions, violentes, irrespectueuses, pas de respect de ma vie et de mon histoire personnelle, pas du tout. Rien que des sous-entendus, des jugements latents, des insinuations, rien que ça. Une condamnation morale évidente, un jugement sans appel, des explications sommaires et fausses avec lesquelles je ne peux pas être d'accord. Aucune aide, aucune écoute ou compassion. Sec, tranchant, brutal et pour tout dire, inquiétant. Aucun moyen de lui parler de ce que j'ai fait ou pas fait. Et encore beaucoup moins de ce qui se passe toujours en moi et qu'il ne m'a absolument pas aidé à comprendre. Si beaucoup renoncent et se taisent, moi non, car je peux vous l'expliquer, à vous ».

Simon témoigne d'une attitude de refus d'une image dégradante et de ce que celle-ci lui apparaît comme rédhibitoire. Il dénonce l'aspect des plus superficiels d'entretiens visant simplement à valider des procédures pénales et l'absence, apparente en tout cas, de toute possibilité d'engagement d'une relation d'écoute transférentielle. Il interpelle l'exigence de conformité à l'exigence répressive de la société, s'inscrit lui aussi dans un registre victimaire dont il récuse les artifices psychologisants. La relation soignante ne semble pas, en effet, avoir permis d'élaborer des interprétations permettant au sujet d'approfondir sa réalité psychique, sexuelle, affective. Simon retient d'abord l'idée d'enquête, à charge.

Il oppose une résistance systématique à ce qu'il perçoit d'une démarche « hypocrite et manipulatoire ». Tout ce qu'il peut dire sera, selon lui, utilisé et exploité à des fins punitives et même humiliantes. Sans qu'une véritable appréciation de sa personnalité puisse apparaître. Simon se présente alors comme celui qui défend d'abord sa liberté de penser, sa vie sexuelle, y compris. L'expérience de la détention a été effectivement douloureuse. Les multiples conflits, échecs, mises à l'épreuve, rencontrés depuis sa sortie ne font que conforter Simon dans son impression de vivre « le parcours du combattant de l'injustice et de la violence ». La question sexuelle étant, certes, mise entre parenthèses.

« Ma vie sexuelle, maintenant, c'est pas grand-chose, c'est même pire que ça, un vrai désastre ».

Un sentiment général de souffrance transparaît, qu'on pourra considérer comme la traduction d'une histoire intime d'un mal-être où la sexualité tient une place importante, sinon décisive. Ce qui peut en être retenu du parcours carcéral et pénal montre l'absence de changement, la permanence de mécanismes défensifs rigides et leur accentuation, légitime, jusqu'à un certain point, par un contexte plus conflictuel que réhabilitant ou soignant. Nulle pacification de la question sexuelle ne semble se faire jour.

8 – Étude de cas : Roger

Roger, agent d'éducation, âgé de cinquante-deux ans, est condamné pour des faits aggravés de pédophilie, des viols sur mineurs. Cela dans le cadre de sa carrière d'agent d'éducation intervenant auprès d'adolescents aux histoires familiales compliquées.

Considéré professionnellement comme « sérieux », c'est avec surprise qu'apparaissent des plaintes de victimes d'agressions sexuelles. Son attitude de justification et de déni correspondait selon lui à une défense tout à fait légitime d'explication et contestation relativement aux faits incriminés. Roger ne reconnaît ni n'assume aucunement les violences reprochées. Son point de vue est, selon lui, celui d'une victime de l'opinion publique malveillante et d'un système judiciaire malveillant.

« C'est clair, c'est simple, on n'a jamais rien compris, rien voulu comprendre, en fait. C'était dès le début, une procédure à charge où je n'avais pas la moindre possibilité de me défendre. J'étais en face de gens, des juges, qui avaient tout pouvoir, un pouvoir absolu, sur moi. Ce que je disais, ils ne m'écoutaient pas, ils s'en foutaient, ils n'en avaient rien de rien à foutre. Tout se retournait contre moi, bien sûr. J'étais accablé, pestiféré, il fallait me faire disparaître par tous les moyens, même si la peine de mort n'existe plus, encore heureux. »

Roger aborde à l'évidence la globalité de ce qui semble, pour lui, être un immense malentendu. Il réfute et nie aussi bien les accusations que la description des faits eux-mêmes. Ce qui est présenté dans l'acte d'accusation, des faits de violences sexuelles sur des mineurs, correspond, selon lui, à une transformation et invention délibérément erronée, mensongère et malveillante.

Un piège lui a été tendu, dont il cerne malaisément les acteurs. Il ne s'est rien passé, de son point de vue. L'évocation lapidaire ou subreptice d'agirs sexuels discrets. « Après tout, ces ados, ils étaient tout à fait d'accord, pas de doute là-dessus. Si j'en parle, c'est parce qu'entre eux moi, il y avait comme qui dirait respect mutuel, ils étaient grands, ils étaient libres. Un point c'est tout. Je n'ai jamais violé personne, jamais agressé, c'était partagé, consenti, un peu amoureux aussi. Ce qui s'est passé avant, un peu autoritaire, peut-être, c'était très marginal. On voit souvent bien pire, ne serait-ce qu'à la télé, les pubs, des enfants des ados, qui n'ont pas froid aux yeux, sachez-le. Non, je n'ai jamais violenté qui que ce soit. C'était partagé, c'était consenti, j'étais adulte, et alors ? Il n'y a jamais eu de coup, de pleurs, de cris, je n'ai jamais forcé ces jeunes qui découvraient pour de vrai la nature, la vie, la sexualité. Et je vous dirai que, bien entendu, s'il y avait eu véritablement viol, comme on me l'a injustement, odieusement, je dirais, reproché, eh bien, j'aurais été le premier à reconnaître la justesse de la sanction et de l'emprisonnement. Non, je vous le dis, je vous le répète, on m'a fait une saloperie, je pense toujours que c'est dégueulasse. Jusqu'où ça va, de telles accusations ? Je vous le dis, c'est détruire un homme, c'est casser sans recours toute une vie, la mienne, en l'occurrence. Tout ça pour avoir fait dire à des ados des témoignages mensongers, leur faire dire le contraire de la réalité, de ce qui s'est vraiment passé entre eux et moi. Je sais ce que je dis, je sais ce que je pense. Le vrai, le faux ».

Ce que l'on retient de l'indignation manifestée par Roger est son refus d'assumer une quelconque responsabilité en même temps qu'une volonté délibérément manipulatrice des agents du système judiciaire. Aucune réponse n'est apportée à des suggestions portant sur des faits, consentis ou non, d'ordre sexuel. Nous nous situons dans une attitude de clivage et déni, entièrement centrée sur un point de vue restrictif. Le refus de s'engager dans une dimension plus concrètement clinique est définitif, sans appel. Il s'agit d'une logique persécutive, de neutraliser un sujet dérangeant.

L'impasse est manifeste. Toute dimension psychologique mettant en jeu des processus psychiques, relationnels, affectifs et sexuels nous apparaît conditionnée par cette attitude oppositionnelle.

Une logique déréalisante semblerait s'installer et l'on retiendra évidemment la pauvreté du matériel clinique recueilli. Si la relation ne semble pas apparaître comme conflictuelle, elle n'autorise cependant que peu d'avancées transférentielles et donc thérapeutiques.

9 – Étude de cas : Allan

Allan, ouvrier agricole âgé de quarante-deux ans, est condamné à vingt ans de prison par suite du viol de sa fille, âgée de cinq ans, puis de récidives auprès de préadolescentes. Il a été libéré au terme de douze années d'incarcération. Les faits ont été prouvés.

La procédure de condamnation a mis en lumière une histoire familiale extrêmement douloureuse et violente. Allan reconnaît les faits, même s'il tente de les associer aux violences subies à l'intérieur d'un milieu familial tout à fait déstructuré. Il ne cesse d'évoquer à quel point sa situation actuelle reste insupportable, elle n'est que la continuité d'épreuves et de violences où la dimension incestueuse est restée continuellement présente. La condamnation pénale n'est pas véritablement niée. Mais la culpabilité n'est pas pleinement assumée, il y a ainsi une constante ambigüité. L'essentiel demeure de l'ordre de la difficulté à vivre, de l'énigme des multiples échecs, difficultés ou conflits insupportables, mettant en jeu, mais pas que, la sexualité.

Le discours fait état d'une dérive, de blocages, d'inexorable évolution vers la sanction et la condamnation aussi bien sociale que pénale, l'irréversible d'un destin, entre autres sexuel, caractérisé par l'épreuve, le drame, l'échec, qui lui sont, depuis sa naissance, « tombés dessus ».

Si les faits de viols ne sont pas, en eux même, contestés, ce qui en a été entendu, retenu, interprété, par les nombreux intervenants auxquels Allan a eu à faire, reste contesté avec une certaine véhémence.

Un sentiment de manipulation pouvant, selon lui, justifier de la colère ou bien de « l'écœurement ». Magistrats et intervenants psys sont ainsi dénoncés sans ménagement, qualifiés de « manipulateurs hypocrites ».

« Pour moi, c'est compliqué de parler de tout ça, vous comprenez, je pense. C'est une affaire si difficile, j'ai toujours vécu dans ma vie sans repères, les agressions que j'ai pu faire, pour ça, ce n'est pas complètement de ma faute, même si c'est difficile à entendre. Je suis perdu, la débâcle. Surtout quand je me suis rendu compte après, de ce que j'ai fait à de jeunes femmes, des femmes enfants, plutôt. J'ai agi comme ça, j'avais des envies, des pulsions, je ne pouvais plus rien contrôler dans ma tête, c'est mon corps qui commandait, je ne pouvais plus rien faire d'autre, emporté, entraîné, l'impression qui revient souvent que c'est plus fort que moi, que je suis complètement débordé. Avec ma fille c'était du désespoir et de la passion, à la fois. Après quand j'ai vu les conséquences, quand j'ai compris que ça me faisait une vie complètement foutue, je ne sais pas, je ne sais plus. Mais ma fille, avec tout ce que j'ai enduré, que j'endure encore, je pense qu'elle peut un petit peu comprendre et partager avec moi, son père, c'est aussi que je suis tout, absolument tout, pour elle […] Ce que je revois souvent, dans ma tête, c'est le désarroi après les actes, pas celui de la victime, le mien, d'abord. C'est l'attente de quelque chose, la peur, la peur un peu de tout, des autres, de moi, du tribunal, de la prison, de femme, de la vie en général. Je suis encore et toujours perdu, j'ai peur, tout le temps. Je crois que ça ne finira jamais. C'est vrai que ces jeunes femmes pré-pubères, qui me rappelaient ma fille, je ne les aime pas. Je ne veux parler de ma fille, vous savez, elle c'était autre chose, évidemment, quelque chose comme une tendresse, très proche, fusionnelle, sa mère, elle, elle n'était jamais là, elle n'était plus là ».

Précisant les conditions de son arrestation, Allan nous fait part d'une impression de brutalité et irrespect. « J'ai été brutalisé, comme un traquenard, je ne comprenais pas vraiment, sur le coup, seulement après un temps où il a fallu que je me remette. Quand on est dans un pays où on croirait à la démocratie, eh bien, ça la fout mal. C'est ce que j'ai dit au tribunal, mais ils s'en foutaient complètement. Après la famille, la parentalité, l'éducation, la sexualité, c'est un peu quand même autre chose que ces condamnations par des juges surtout là pour sanctionner et punir des gens un peu plus libres. Vous remarquerez bien que je ne parle pas du tout de ma fille. C'était, c'est toujours très compliqué, insoluble, mais est-ce que c'est comme ça qu'on peut essayer de réfléchir ensemble à de tels problèmes d'enfance ? Les gens qui me condamnaient, l'opinion, est-ce que tout ça, ils le savent vraiment ? ».

Ce qu'exprime Allan est de l'ordre d'une parole transformée et recomposée en fonction de la persistance de la référence et de l'emprise de l'institution judiciaire à laquelle il convient de s'adapter. L'appropriation par celle-ci de la parole peut ainsi très vite conduire à l'infléchissement d'une clinique catégorisante où la liberté d'évoquer la souffrance se fait improbable. L'axe en fonction duquel émerge le discours d'un patient est celui des contours d'une réhabilitation prononcée par l'ordre judiciaire, prescripteur d'une certaine conception du travail de soin psychique, des évaluations d'acceptation et conformité où la vie sexuelle tient, in fine, peu de place. Question de place, de statut, de posture, la situation d'Allan participe d'une stratégie défensive où il conviendrait de négocier, de se soumettre, d'avouer, par-delà les procédures d'enquête et la sérénité attendue des décisions et jugements. La réalité du travail d'entretien avec Allan s'inscrit ainsi fondamentalement, non pas dans la problématique de la sexualité et de la loi, mais, bien dans la fonctionnalité du système pénal, ses évolutions pratiques et empiriques déterminées par la subjectivité des magistrats, l'autoritarisme, l'inégalité et, il faut le dire, une certaine violence. Si Allan revendique constamment sa liberté, sans doute est-ce aussi dans la perspective de l'épreuve imposée et du manque de considération ressenti au cours d'entretiens manipulés et biaisés, dénoncés par lui comme « hypocrites ».

Avec cette confrontation, toujours conflictuelle, peut être bien traumatique, au système pénal, tend à apparaître la réalité paradoxale de l'éloignement du sens d'une peine sanctionnant la spécificité des fondements psychopathologique et clinique d'un acte sexuel, violent, effractif et éthiquement intolérable. Allan, s'il évoque très souvent son histoire, reste pourtant, quant à celle-ci, évasif. Il hésite dès lors que des événements d'ordre intime pourraient éventuellement « se retourner contre lui ». S'il nous dit peu à peu, au cours des séances, pouvoir aller à l'essentiel, l'impression persiste d'un discours caractérisé par le flou de nombreuses dénégations. Une certaine artificialité, une mise en scène, peut-être ?

Ce qui, pour nous, semblerait transparaître, participerait d'une dualité. Celle où l'on retiendrait, d'une part, la vie et l'histoire psychique et sexuelle d'un sujet violent, en souffrance, en proie à un malaise familial et générationnel manifesté par des faits incestueux et de pédophilie.

Puis, d'autre part, la confrontation douloureuse à un système judiciaire justifiant la mise en place de résistances psychiques appropriées, faisant écho à une économie psychique traversée par des conflits inconscients non élaborés ni assumés. La relation d'Allan, tant aux autres qu'à lui-même, semble bien dichotomique. Elle associe une histoire intime et personnelle à la reconstruction symptomatique d'une identité statutaire de sujet condamné et assujetti à l'appartenance d'un système judiciaire dont il ne saurait plus s'échapper. Face auquel il doit s'adapter et survivre, mettre en œuvre des stratégies défensives et adaptatives particulières. La méfiance est désormais omniprésente, bien évidemment, dans le cadre des entretiens psychologiques également.

Différents entretiens successifs ont mis à jour l'apparition d'un refus de prolonger le travail entrepris. Certaines relations proches lui ont en effet conseillé de ne pas poursuivre la prise en charge. Pourtant, cette interruption ne s'est pas prolongée. Après deux mois, Allan assistait à nouveau aux consultations.

Il développait alors longuement un argumentaire revendicatif essentiellement basé sur la dimension persécutive du fonctionnement du système judiciaire. Il expliquait être constamment envahi par une souffrance psychologique intense, mais que s'intéresser à celle-ci était une démarche factice, suspecte et hypocrite. Justifiant dans une certaine mesure sa position, Allan nous dit nous accorder une confiance très limitée, « en tant qu'homme, pas en tant que professionnel ».

Reconnaissant la difficulté entretenue par son statut social, Allan accepte de revenir par la suite, « pour essayer de parler, même si ça n'est vraiment pas très utile ». L'angoisse est patente, systématique. Il s'agit de faire le constat de « la noirceur de la vie qui s'annonce ».

« La société m'a rejeté, la justice aussi ». Toujours, paradoxalement, convaincu de son innocence, jusqu'à un certain point, du moins, Allan apporte certaines suggestions peu crédibles et réitère constamment des critiques acerbes adressées à un expert psychiatre qui l'aurait, selon lui, « bien fait plonger ».

Soin, thérapeutique ou stratégie ? La question se pose, au fond, d'une ambiguïté fondamentale, tout compte fait, d'une dispersion de l'axe clinico-thérapeutique. L'approfondissement systématique du concept de culpabilité s'impose de manière récurrente, pénale et philosophique, sans qu'une conclusion parfaitement convaincante oriente, optimise, l'évolution de la prise en charge. La crispation du discours d'Allan s'entretient de toute une symptomatologie identitaire, sociale et sexuelle, dont la lecture reste parcellaire, lacunaire et, surtout, traversée par l'ampleur d'une réaction sociale réinterprétée par le patient comme l'emprise et la trahison. La sensibilité d'Allan est alors exacerbée.

L'écoute clinique évolue, se déplace, mais peut aussi se trouver déstabilisée par l'évocation d'éléments parfois peu conformes, témoignages d'une violence diffuse distincte de ce que doit pouvoir apporter l'apaisement judiciaire. Question de malaise identitaire étroitement en lien avec la sexualité, la problématique clinique soulevée par Allan interroge fondamentalement le sens de pratiques psychiatriques concrètes forcément assimilées par le pouvoir judiciaire. Une considération où la critique d'Allan ne serait pas nécessairement dénuée de fondements.

Approfondir et analyser en des termes cliniques les longs discours d'Allan interroge par rapport à la question méthodologique tout à fait essentielle qui est celle de la dépossession et de l'objectivisation d'un sujet en quelque sorte « parlé » par les acteurs de la justice. La prise en charge ne serait-elle être autre chose que l'inculcation et la suggestion autoritaire dont les fins seraient de l'ordre de la conformité et pacification psychosociale ?

L'enjeu thérapeutique et clinique qu'est l'identité, sexuelle, plus particulièrement, doit malaisément intégrer la dimension extensive des différents aspects de l'exclusion, sociale et psychique. Les ratages, ravages, d'un conflit sexuel mortifère, symboliquement meurtrier, appellent la multiplicité des dimensions de souffrance liées au déni, à l'humiliation, au rejet social, à une extrême fragilité du moi. L'origine inconsciente d'actes sexuels insensés. Avec cette considération tout à fait évidente selon laquelle la détresse économique jouera un rôle forcément très important. La lecture et l'interprétation d'actes et symptômes d'agresseurs mieux placés dans l'échelle sociale nécessitant à cet égard, un angle d'approche différent et décalé. Qui ne remettra pas cependant en cause, insistons, des éléments psychopathologiques essentiels.

Au commentaire sur le cas Allan répondront donc à la fois une logique psychopathologique permettant l'analyse clinique des symptômes et une autre où l'on interrogera longuement les aspects multiples et intriqués des logiques sociales, anthropologiques et institutionnelles. Le rôle de la connaissance psychiatrique jouant ici, chez Allan, un rôle tout à fait fondamental. Une ambiguïté, sinon un flou, surprennent et interpellent notre propre pratique de clinicien et thérapeute. Elles l'accompagnent constamment, non sans doute, ni même malaise. Tout ne renverrait-il pas à formuler l'adaptation de la peine et ses aménagements à l'établissement d'un profil psycho pénal relativement éloigné de la dynamique interne d'une sexualité symptôme ? Autrement dit, à l'élaboration plutôt formelle et réductrice de profils de dangerosité ?

Les échanges avec les représentants du parquet, le CPIP (Conseiller pénitentiaire d'insertion et de probation) et aussi le juge, ne démentent pas cette lecture. Ce qui est échangé à propos du cas Allan est envisagé en termes de fragilité psychologique manifeste à laquelle la prise en charge n'a pu apporter de réponse significative et convaincante.

Les conditions sociales et environnementales d'une récidive sont toujours bel et bien présentes et justifient le besoin de la poursuite du suivi, certes, mais aussi, surtout, celui d'un contrôle judiciaire permanent justifiant la pose d'un bracelet électronique. Ne sommes-nous pas loin, très loin, de la problématique identitaire, filiale et incestueuse, pourtant décisive ? Reconnaissant, au fond, le peu d'accessibilité au traitement de sa souffrance psychique, et sans doute de sa sexualité, Allan développe un discours, symptôme certainement convaincant et paradoxal, dont les conditions d'expression et de mise à jour nous éloignent définitivement de la problématique inaugurale, la violence sexuelle et incestueuse, définitivement disparue des entretiens.

Interroger l'expertise psychiatrique ne revient-il pas, dans ces conditions et ce dispositif, à brouiller les pistes, à légitimer le glissement d'une lecture clinique et psychopathologique vers une objectivisation de conduites dangereuses et menaçantes, justifiant la persistance de l'interventionnisme pénal. Qu'en reste-t-il d'une ambition perdue de travail sur la souffrance liée à l'agir sexuel violent et ses décours, ravages incestueux ? Le parcours d'Allan ne serait-il plus rien d'autre que celui d'une dérive sociale et coupable sans recours, mais aussi, évidemment, non dénuée de risques ?

10 – Étude de cas : Louis

Louis est soumis à un suivi socio-judiciaire consécutif à sa sortie de prison. Nous nous rencontrons dans un cadre informel alors qu'il est pris en charge par un psychiatre de service public. Il nous confirme régulièrement éprouver des sentiments dépressifs et l'envahissement de pensées suicidaires.

La condamnation pénale a été reconnue et acceptée alors qu'un sentiment particulièrement intense de culpabilité semble s'être définitivement installé.

Agent administratif âgé de quarante-deux ans, Louis a été condamné à quinze ans de prison pour des faits de viol. Il est sorti au bout de douze ans et se soumet aux exigences d'une peine de probation.

Louis ne cesse de s'interroger sur sa maladie et son anormalité. Une réflexion obsessionnelle persiste, une tentative de compréhension de l'inexplicable des actes.

« Je me soigne, je suis soigné depuis très longtemps pour tout ça. Je suis malade, ou pas. Je suis coupable, je ne sais pas, je ne sais plus. C'est foutu, pour moi, je ne pourrais plus jamais vivre encore normalement avec les autres. Je ne sais pas ce que j'ai fait, ça m'a pris comme ça, mais je ne peux pas en parler. Après un blanc, un vide, plus jamais ça. Je n'ai plus confiance, et c'est normal. Plus rien, plus d'argent, plus de travail. Pour attendre quoi, je ne sais plus quoi faire ? Le suivi psychologique ne m'apporte pas grand-chose, c'est bien, mais ça ne m'apporte rien, c'est toujours dans ma tête, une vraie torture. Je suis terriblement marqué, à vie, par tout ça. Je ne m'en sortirai plus. Ma vie, c'est comme une dérive vers la fin, et c'est mérité, je pense. Non, je ne vous parlerai pas de ce que j'ai fait pour mériter ça, pourquoi j'en suis là, pourquoi ? ».

Nous écoutons donc une rationalisation morbide et systématique d'un sujet condamné et assigné. Pris dans une représentation statique, rigide, dont il n'est plus en mesure de s'extraire, Louis nous livre un discours redondant où il rationalise ce qui correspond à une réification.

Une tâche plus difficile pour le psychologue que d'accéder à la dimension inconsciente, seule à même d'accéder à l'espace psychique des conflits sexuels et identitaires archaïques, que la pratique pénale et carcérale n'a fait qu'entretenir et renforcer. Engagé dans la quête d'une impossible rédemption, Louis poursuit cependant l'ébauche d'un travail de soin.

« Toutes ces affaires dont on parle tant, j'y suis, moi aussi, tombé. Et je suis foutu. J'ai plongé, j'ai fait ce qu'il ne fallait pas, point barre. Ce que j'ai fait à cette fille, c'est la pire des choses, mais je vous dirai que je ne me souviens pas, pas d'elle en tout cas. C'est comme ça, c'est un passé enfoui dans ma tête, comment voulez-vous que j'en parle autrement que par la douleur à vivre maintenant. Le tribunal, le jugement, c'est comme un vide, un blanc, je n'en ai vraiment plus de souvenir précis, plus de mémoire du tout. Non, je n'en veux pas à la fille, je ne peux rien en dire non plus, rien du tout. C'est moi que ça regarde, moi seul, il n'y a rien d'autre à dire, c'est comme ça. Les juges, les jurés, bien sûr qu'ils ont fait leur travail. Je reconnais tout, mais pour ce que je ressens, la malédiction, le malheur, ça ne regarde que moi et je ne peux rien dire, je vous le dis, je ne fais que vous le répéter. J'ai été condamné, puni, les terribles années de l'incarcération dont je ne veux absolument plus vous parler. J'y ai cru un moment, mais je me rends compte maintenant que ça ne sortira plus jamais de ma tête, c'est marqué là-dedans comme au fer rouge, comme l'enfer de tous les jours de ma vie. Parler de ce qu'on m'a qualifié de viol, de violeur, c'est une affaire entendue, une affaire close que je pense à tous les instants ».

Toujours confronté à une logique d'aveu, mais aussi à son impossibilité, Louis évolue dans un univers morbide où la reconnaissance de la réalité de son parcours et de ses actes tend peu à peu à disparaître.

Sa posture est telle qu'il devient inaccessible à une quelconque capacité de penser et pacifier sa relation intime aux différents aspects, identitaires, symboliques, judiciaires de la loi et ses relations intriquées avec la sexualité et la filiation. L'avenir, les projets de vie sociale nous semblent donc fatalement inéluctablement compromis.

La vulnérabilité psychique fait massivement symptôme, Le travail sur la souffrance psychique participe d'une ébauche, une démarcha d'écoute à continuellement reprendre et entretenir en fonction d'hypothétiques évolutions. Louis conçoit ainsi la perspective de ce qu'il qualifie lui-même de « destruction ». La sienne, évidemment, celle de la victime, à peine esquissée.

« Je regrette, le mot est faible, c'est bien pire que cela. C'est impardonnable, c'est la mort, le châtiment, et vous, les psychiatres n'y pourrez plus jamais quelque chose. Je suis le violeur, l'inceste, le paria absolu et ma vie s'est perdue, elle n'a plus aucun sens, il n'y a plus rien à refaire. Ce que j'ai fait, il y en a d'autres qui l'ont fait aussi, je pense que c'est pour eux comme pour moi, marqué au fer rouge de la souffrance, de l'impossible à vivre, à sortir, à voir des gens. On est une fois pour toutes figé, enfermé là-dedans, il n'y a plus rien à faire. Des images dans ma tête, non pas vraiment, je n'en sais rien, en fait. Voilà tout ».

Un discours caractérisé par un imaginaire du mal et de la persécution ne laisse ici guère de place aux actes, à la victime, à la possibilité de ré-élaborer des éléments déstructurés, correspondant aux résurgences de l'acte destructeur. Nous sommes bien au-delà des formes les plus générales de l'expression du sentiment surmoïque de culpabilité. Celui-ci disparaît même en tant que tel.

Il n'y a plus de perception de responsabilité, d'accès à la réflexion d'ordre thérapeutique sur le sens de la peine. Une atteinte identitaire majeure semble se profiler. À situer dans un cadre institutionnel invalidant dont la contribution à l'accentuation d'une vulnérabilité psychique conséquente a pu s'avérer particulièrement néfaste et sans doute anti-thérapeutique.

Comment envisager les effets régulateurs attendus du traitement psychique ainsi confronté à la massivité de processus psychopathologiques déstructurant justificatifs d'expertises approfondies ?

11 – À partir de ces dix cas

Assumer un défi technique et éthique, interroger ces différentes situations, ces prises en charge, nous met en présence de nombreux éléments d'analyse. L'association de données propres à l'univers pénal et d'autres, de l'ordre de la clinique psychopathologique, apparaît comme essentielle. L'étude des différents parcours, l'évolution des symptômes, la confrontation au social, aux conflits, aux sanctions, nous sensibilise par rapport à l'incidence des multiples événements apparus ultérieurement aux faits incriminés de violence sexuelle commis sur des victimes. Notre écoute clinique nous a ainsi confrontés à la réalité environnementale du contexte spatio-temporel de leur agression. Qu'ils ont généralement d'importantes difficultés à décrire précisément.

Les repères manquent, il y'a effacement des données spatiales et visuelles, plutôt la représentation de l'imaginaire d'une scène où la confrontation isolée et brutale à la victime correspond à une opportunité, une phase paroxysmale et irruptive non fortuite. Il peut s'agir de la mise en acte effective d'un investissement fantasmatique particulier, de la recherche de circonstances, moment et lieu précis, propices à l'agression (7). Des scénarios que le sujet n'évoque pas.

L'acte correspond, à l'évidence, à une nécessité irrépressible, une logique impérieuse et incontrôlable que les agresseurs ne sont pas en mesure de se remémorer. Même si les faits sont généralement reconnus. Toute la question est alors celle de la teneur et de l'interprétation de la parole et du discours relatifs aux faits incriminés. Donc, d'un travail psychique au long cours et particulièrement complexe correspondant à un remaniement incessant de mécanismes psychiques défensifs où nous retrouverons aussi bien une problématique sexuelle et identitaire originaire, annonciatrice de l'acte, que la mise en place de la dynamique psychopathologique. Induite par le cheminement et les vicissitudes multiples du parcours institutionnel, social et pénal, consécutifs à la soumission à la procédure répressive et éventuellement réadaptatrice (8).

Mis en situation de travail clinique et psychothérapique, nous pouvons associer des données psychiques inconscientes et les effets de sanctions éventuellement perçues comme déshumanisantes.

Ces prises en charge, si elles répondent, en théorie, à un projet thérapeutique et de réhabilitation, si elles paraissent impliquer l'engagement d'un patient convaincu de leur bien-fondé, ne vont évidemment pas sans soulever de multiples questions Sans doute apparaissent-elles comme ambiguës, ambivalentes, brouillées. Le principe généralement retenu, l'identification par l'agresseur des éléments ayant pu précipiter l'acte d'agression, puis, à partir de là, l'émergence d'une capacité à maîtriser ses affects et tendances à la récidive, suppose la mise en place de processus soignants complexes, dont l'efficacité reste aléatoire.

Il s'agit de l'évolution du soin vers la mise à l'épreuve, d'un changement de paradigme. Une donnée centrale, fondamentale que nous avons toujours pu, rencontrant nos patients, reconnaître. Qui, comme nous même, n'en a jamais été dupe. La question de la prévention de la récidive revient sur le devant de la scène. L'essentiel d'une conception donnant toute sa place à la réalité clinique inconsciente de la vie sexuelle s'est éloignée. La sanction d'un agresseur sexuel responsable de ses actes entretient, de manière sous-jacente, la logique des suivis socio-judiciaires. Mais aussi des projets psychothérapiques plus ambitieux.

Qui, néanmoins, nous sont apparus constamment buter sur des effets de résistance entretenus par la prégnance de la réalité des affects, la présence di fuse des mécanismes pulsionnels, puis la mise en place de stratégies d'évitement et négociation dont l'objectif serait de tenter de négocier les conditions du suivi judiciaire puis d'un devenir relationnel et social perçu comme définitivement compromis.

Plus que de choix et décision rationnels et de choix librement consentis, il sera question, dans l'ensemble des discours, de rationalisation, déni évitement. La question sexuelle nous a ainsi mis en présence de sujets le plus souvent gênés, mis en difficulté. Des sujets en incapacité d'associer leurs conduites violentes et destructrices à ce qui leur est implicitement commandé de réguler leur vie sexuelle. Une notion se précise, à définir comme l'aptitude des sujets agresseurs sexuels à adopter des stratégies d'adaptation au dispositif répressif et pénal dont ils sont désormais dépendants.

Le travail psychologique attendu atteint ses limites. Il marque les limites d'un système. L'hostilité conflictuelle entretenue par les patients à l'encontre du système pénal, la prison, les victimes, aussi, la société, plus généralement, font évoluer le clinicien thérapeute à l'écoute de l'inconscient vers l'attention à la rationalisation de pensées et discours axés sur le concret, l'immédiat et le pragmatique d'enjeux relatifs à la vie sociale au quotidien. Même s'il reste difficile de distinguer ce qui est de l'ordre de la pleine et entière légitimité de l'application de la loi, du respect de la victime, d'une logique persécutiez et perverse des sujets pris en charge. Dans un contexte à vivre où le prix à payer sera celui de la rupture des liens et de la douloureuse expérience psychosociale du vide et d'un certain renoncement. Le soubassement et le fonctionnement des prises en charge de ces agresseurs, dont nous avons décrit les discours, nous apparaît donc, en fonction de notre propre expérience, étroitement déterminé par le poids des supports institutionnels et sociaux où se déploient d'irréversibles effets mortifères de mise à l'écart familiale, sociale, professionnelle, sexuelle (9).

Alors devenus inaccessibles, ceux-ci nous entraînent vers le paradoxe et les dangers d'une psychologisation dont les consultants ne nous semblent pas dupes. Qu'en reste-t-il alors du sexuel et de la pulsion, interdits, neutralisés ?

À ces récits de patients, à l'écoute de leur histoire de vie, qui est aussi celle de leur sexualité, peut s'accorder un ensemble d'hypothèses. La perspective est compliquée. Elle nous parait associer des éléments où l'on percevra un désir de parole et de levée du refoulement, puis, moins évidente, la reconnaissance d'une souffrance et d'une culpabilité. La question d'une attirance sexuelle violente et incontrôlable est évidemment plus difficile, aléatoire. Elle est le plus souvent verbalisée selon un mode extérieur et allusif, ne permet pas, ou peu, la mise à jour des déterminismes inconscients.

Mais il y'a aussi, tant au cours des prises en charge soignantes que d'entretiens, plus spécifiquement, de recherche, une forte intériorisation des discours et fonctionnements institutionnels, judiciaires répressifs et sociaux, contribution, nous l'avons vu, à des phénomènes particulièrement structurés de résistances devenues légitimes et entretenues d'un vif sentiment persécutoire, souvent non dépourvu de légitimité, inscrit dans un destin social péjoratif.

Constamment et paradoxalement mis en situation d'aveu, mais aussi d'impossibilité de dire des affects peu conformes à la morale, toujours, donc, dans un certain déni, l'agresseur évolue dans un pseudo consentement.

Il adopte un certain volontarisme rationalisant, mais ne s'engage que peu par rapport à la complexité du réel de sa violence. Culpabilité et honte, l'attente de ce que requiert la justice, n'interviennent pas, ou trop peu. Fatalité, résignation et interprétation auto justificatrice, interpellation d'une justice arbitraire et persécutrice, occultent, le plus souvent, l'émotion relative à l'acte délictueux.

Quelle continuité entre la perception d'une certaine forme d'exclusion et stigmatisation, mais aussi la réalité inconsciente d'un désir dont nous connaissons l'aspect inconsciemment irréductible et pervers ? Travail de soin, suivi, psychothérapie ? Comment la problématique thérapeutique et l'autre sociale, mais aussi politique et critique, peuvent-elles se rejoindre ?

Sujet de soin, mais aussi sujet en résistance, que recherche l'agresseur ? Comment faire avec ce sujet violent, pervers, son refus et son excitation toujours latente, diffuse ? Comment travailler son identité menacée, tant de l'intérieur que de l'extérieur ?

Sujet condamné dont la clinique doit admettre les rapports de force, dans les lieux où elle peut se pratiquer, l'agresseur sexuel nous sensibilise constamment à la reconnaissance d'une sexualité auto calmante et à la difficulté majeure de la mise en place du « couple thérapeutique (10) ».

Le prochain chapitre nous permettra de développer l'étude des processus psychiques, l'évolution possible d'une pacification de la vie sexuelle, émergeant au cours de prises en charge.

Références

1. Labouret O., La dérive idéologique de la psychiatrie, Érès, Toulouse, 2007.
2. Saetta S., L'expertise psychiatrique dans les affaires criminelles, entre humanisme répressif et défense sociale de type managérial, Les Cahiers de la Justice, n° 3, 2012, p. 105-123.
3. Ciavaldini A., Psychopathologie des agresseurs sexuels, Masson, Paris, 1999.
4. Saetta S., *op. cit.*
5. Gaillard A., Sexualité et Prison, Désert affectif et désirs sous contrainte, Max Milo, Paris, 2009.
6. Adam C., Délinquants sexuels et pratiques psychosociales, rester clinicien en milieu carcéral, Larcier, Bruxelles, 2011.
7. Ciavaldini A., *op. cit.*
8. Adam C. *op. cit.*
9. Huguet M., L'ennui et ses discours, Masson. Paris, 1987.
10. Ciavaldini A., *op. cit.*

Chapitre II

LES DIVERS ASPECTS DE LA RÉALITÉ DU TRAVAIL PSYCHIQUE DES SUJETS CONDAMNÉS ET SOIGNÉS

1 – La résistance psychique et sociale des sujets

Nos pratiques de consultations nous ont permis de mettre en évidence une dimension de transversalité présente, sous une forme ou une autre, dans l'ensemble des dires des patients. Tous nous paraissent, en effet, éprouver une grande difficulté à être en mesure de nous parler de deux problématiques intimement liées. Il s'agit d'une part de la sexualité et de l'acte dont ils ont été les auteurs. Puis de s'exprimer par rapport aux pouvoirs d'assignation, nomination et stigmatisation, toujours concrètement éprouvés. Le contexte d'interpellation implique des effets d'opposition et résistance. Ils constituent le préalable aux effets déterminants pouvant définitivement compromettre le devenir de prises en charge compliquées où la question sexuelle pourrait être travaillée et élaborée.

L'espace où nous nous situons, le cadre de référence, déterminent des effets de posture et de pouvoir évocateurs de la réalité pénale. Il s'agit d'emblée d'un face-à-face et la dimension professionnelle et clinique n'est, pour l'agresseur sexuel, si évidente. L'on percevra, chez lui, la nécessité de préserver, coûte que coûte, autonomie, liberté, une tentative d'échapper à l'emprise du dispositif pénal et de ce qui est inconsciemment perçu de ce qui serait entretenu d'une appropriation et déshumanisation (1).

Demeure l'imaginaire, plus ou moins conscient, d'une tentative de préservation et de capacité à survivre psychiquement à l'épreuve carcérale et ses suites (2). Il y'a une opposition au dispositif judiciaire et cela ne va pas sans évitement, méconnaissance ou déni de la réalité sociale et des conséquences d'actes transgressifs. Le sujet agresseur sexuel peut ainsi, lui aussi, paradoxalement, se percevoir, à son niveau, comme victime d'un ordre social et pénal devenu, selon lui, redoutable et injuste, persécutrice (3). Auquel il opposerait sa toute relative capacité d'autonomie.

2 – Critique et décomposition du système par l'agresseur

L'écoute clinique des sujets agresseurs débouche sur la mise en évidence d'un lien témoignant d'un discours critique de dénonciation. Par le patient, mais aussi, à un autre niveau, par l'intervenant. Si l'espace offert à la possibilité de parler permet de développer des convictions fortes les faits objectifs et condamnables liés aux violences sexuelles commises, ceux-ci sont significativement, non pas déniés, mais minorés.

Ils sont, dans une certaine mesure, assumés. Des explications permettent de se projeter dans une critique d'une société juste, hypocrite, dont l'ordre judiciaire serait l'ordonnateur. L'agir sexuel violent n'est, fréquemment, pas, dans un premier temps, perçu par l'agresseur, de manière conflictuelle. La rationalisation, la dénonciation, s'entretiennent de mécanismes de déni, de propos évasifs, des digressions, la réinterprétation des violences apparaissant comme ordinaires, banales, logiques, conformes au fonctionnement, mais latent des relations hommes, femmes. Nous nous situons toujours dans la justification de parcours personnels difficiles à vivre, dans l'attente de compréhension. Le passage à l'acte sexuel se situe dans la cohérence d'un parcours de vie, les victimes devenant des partenaires abstraits et éventuellement consentants (4).

« J'ai toujours ressenti l'injustice de ma condamnation, c'est quand même trop dur, après tout ma vie sexuelle vaut bien celle de n'importe qui. » nous dit un patient de 32 ans justifiant la logique et la nécessité d'une agression sexuelle commise sur une adolescente. Aucune culpabilité ici, l'impression d'être pris en otage par le système pénal. Avec la revendication portant sur la violence en retour du « système carcéral vengeur et provocateur ».

Parlant sa prise en charge psychologique par un collègue, ce patient nous exprime sa lassitude, son désarroi. Il nous explique que « ça ne sert à rien ». S'il parle, de temps en temps, « c'est juste pour dire des choses sans importance, des banalités ». Pour lui, l'essentiel, dont il renonce à parler concerne « la violence en retour » des peines infligées.

Évoquant son histoire de vie, qu'il livre par bribes, le patient refuse de parler de l'évolution de ses affects, de la réalité intime de sa « sexualité proscrite », ce qu'en fait il refuse, d'ailleurs, d'aborder. Il nous exprime son fréquent « découragement », impuissance, injustice, un profond « sentiment dépressif ». On ne le comprend pas, donc « on fait semblant [...] Tout ce que j'ai pu faire, tout ce qui s'est passé, on ne le comprend pas ».

« C'est tout le temps pris dans la menace, comme dans un étau, la prison, la menace, la haine, la vengeance, la persécution des gardiens, le mépris écrasant de la justice et des juges qui m'ont quasiment avoué qu'ils me détestent et me feraient avouer que je ne suis plus un être humain ».

Comment travailler avec ce patient, comme pour tant d'autres, l'impossibilité de distinguer l'écoute et le soin psychique d'un profond mal-être sexuel et la perception de la dimension oppressante et persécutoire de la condamnation ? L'essentiel ne se tiendrait-il alors pas dans la difficulté d'établir la perception clinique de ce que pourrait être l'attente du sujet, sa disposition à parler et à être écouté ? Ce que l'on pourrait envisager de la découverte d'un espace autorisant le patient à s'affranchir de la dimension punitive et oppressante d'un système dont la signification lui échappe, pour partie. Ce qui devrait donc répondre aux principes généraux et fondamentaux de la démarche psychothérapique fondée sur la reconstruction identitaire permise par le travail sur le symptôme. Un principe général dont la mise en pratique est loin d'être acquise. L'expérience intime du sujet, d'une perception conflictuelle de la sexualité, de la présence d'épisodes, toujours possibles, de tensions latentes et incontrôlables, pourrait-elle encore pouvoir se parler et s'élaborer au sein d'un espace perçu comme illusoire, hypocrite, inutile ?

À la difficulté structurelle de parler de soi et d'une vie sexuelle, « honteuse » et violente, s'accorde le refus, souvent haineux, de « collaborer », c'est-à-dire de se conformer à un système dont le thérapeute est le représentant. Certains sujets expriment ainsi la violence d'un sentiment de révolte, dénoncent concrètement, crûment, la brutalité mortifère et brutale de la vie carcérale, l'obligation forcée du renoncement à une vie amoureuse et sexuelle, la « castration » symbolique et même chimique.

Les experts psychiatriques peuvent être particulièrement visés, acteurs de jugements sans concessions, conformes à l'attitude vengeresse et humiliante des juges (5).

Il n'y a donc pas, selon nous, impression d'unité, cohérence, de prises en charge psychologiques perçues comme isolées, morcelées, incohérentes, peu compatibles avec un environnement considéré comme déshumanisant. Un profond décalage est ressenti par les patients, vis-à-vis de ce que pourrait être un espace de disponibilité à l'écoute des conflits et souffrances intimes.

« Vous dites vouloir m'écouter et puis, en même temps, vous agissez ailleurs comme ceux qui n'ont qu'une idée de me punir et m'enfermer. Dans le fond, vous faites juste semblant de m'écouter. Vous ne pouvez rien faire, vous êtes juste là pour faire bien. C'est aberrant, c'est fort possible que je n'aille pas bien, je le reconnais. Mais vous n'y pouvez rien, votre traitement, c'est une malhonnêteté, une arnaque. Vous êtes dans le système, vous êtes complice et je n'ai à rien vous dire, je n'ai pas confiance. Ce que j'ai fait, les agressions sexuelles reprochées ? Que voulez-vous que j'en dise ? Vous voulez encore et encore me cuisiner là-dessus. Je ne viendrai pas, je ne viendrai jamais à vos séances, à toutes ces mascarades juste pour faire plaisir aux juges. Qu'est-ce que je vais devenir, reconnaissez qu'au fond, vous n'en avez rien à foutre ».

M'interpellant avec véhémence, ce patient dénonce la perception d'un système. Il se situe au-delà de mécanismes protestataires de dénonciation d'une peine excessive et injuste pour développer une argumentation argumentée à partir de la notion de contrôle totalitaire et d'hypocrisie de la perspective soignante et humanisant proclamée. Les objectifs énoncés sont de fait contredit par la violence souvent discrète des juges ou bien celle, évidente, de la prison. La critique devenant aussi celle de la vacuité ou inutilité de traitements viciés par un contexte perçu comme péjoratif et vengeur. La préconisation suggérée ou plus autoritaire de traitements chimiques illustre, bien évidemment, les paradoxes et contradictions d'un système (6).

« Vous vous rendez compte, la castration chimique, là, c'est quand même terrible, ils voulaient me castrer, c'est clair, et ils osent encore me dire que c'est pour mon bien ! Vous vous n'y pouvez rien, mais reconnaissez quand même que vous travaillez dans quelque chose qui n'est pas joli. On n'arrête pas de me parler de soin, d'aide, d'avenir, de retrouver une vie normale, et puis quoi encore ? Rien du tout, que dalle. On me punit, on me tue à petit feu, une mort sexuelle, une injustice pour me punir d'une vie où l'injustice m'a rendu malheureux, et j'ai essayé de faire ce que j'avais envie, moi aussi, et puis ça été le boomerang, la condamnation. Qu'est-ce qu'ils veulent ? »

Le propos est effectivement brutal, sans concession. Différents aspects semblent se rejoindre où les dimensions de rejet symbolique prennent une tournure concrètement perçue comme destructrice et violente. L'application de la loi et de la peine perdent leur légitimité symbolique et se transforment en des représailles sans concessions.

3 – Les ambivalences du travail des psychologues

Notre expérience professionnelle et personnelle, mais aussi l'écoute de patients évoquant leur expérience de rencontres auprès d'un certain nombre de collègues, mettent en évidence des réalités significatives et importantes, susceptibles d'amener réflexions et critiques. Le récit des patients nous confronte au questionnement des pratiques, la nôtre, déjà abordée, et donc celle d'autres professionnels.

Le travail de médecins psychiatres sera aussi évoqué. Ce qui sera rapporté ici confirme des difficultés tout à fait remarquables dont nous avons précédemment témoigné et à propos desquelles nous avons beaucoup insisté sur l'extrême difficulté à assumer une position clinique et psychothérapeutique cohérente. La rencontre, par les patients, des soignants psys correspondait à différents temps de parcours pénaux serait aussi, pour eux, éprouvante, voire traumatisante (7). Ces sujets sont en effet en situation de grande vulnérabilité psychique puisque soumis à des procédures symboliques violentes aux effets concrets particulièrement difficiles à accepter. Ils sont en rupture et leur rencontre des professionnels psys s'effectue dans un contexte éprouvé comme délétère.

« Évidemment cette rencontre de psy, comme vous, mais aussi très différent de vous, j'y ai beaucoup pensé, réfléchi, après. Eh bien, j'ai été renforcé dans mes idées, Il m'a questionné comme quelqu'un qui serait coupable, il m'a mis en position d'avouer des fautes, rien d'autre, aucun intérêt pour moi » – nous dit un patient.

Soumis aux multiples aspects d'une souffrance psychique et sociale, conséquence logique d'une sanction pénale, des sujets agresseurs ressentent fréquemment l'impression d'une incapacité des professionnels psys à se détacher de l'imprégnation de postures morales prolongeant, redoublant, dans les faits, les jugements de condamnation pénale.

« Le travail avec les psys ? On les rencontre dans leurs bureaux, j'en ai vu pleins, cinq ou six, je peux vous dire qu'on en voit de toutes sortes, c'est même incroyable comme ils sont différents les uns des autres. Est-ce qu'ils vous écoutent ? C'est bien la toute la question, voyez-vous. Certains vous posent brutalement toute une série de questions, des réponses brèves, pas d'humanité là-dedans, des sentences, c'est sec, c'est brutal, ça ne me sert à rien. Deux autres par contre, surtout une, par contre, c'était du silence, de l'attention, du respect, on se sentait mieux, presque apaisé, on avait du temps pour penser, pour faire venir ce qu'il y a à l'intérieur de moi, dans la tête. Ce sont les plus discrets, les plus humbles, ceux-là, et c'est vrai qu'ils apportent quelque chose. Ça aide beaucoup, ça soulage, dans des parcours aussi difficiles, terrifiants, parfois. On se dit, heureusement que dans toute cette misère, ils sont là, pas grand-chose, essentiel pourtant. C'est là qu'on retrouve de l'humain, après tout ce qu'on subit, Même si on a fait des conneries, des saloperies. C'est du tout ou rien, avec ceux que j'ai connu, ou c'est bien, ou c'est moche, n'y a pas de milieu. Mais attention, ça aide bien, mais ça n'empêche pas les difficultés insurmontables et aussi la haine que je rencontre tous les jours un peu partout, en prison et puis après, malheureusement ».

Nous reconnaissons dans cet entretien la réalité contrastée de la présence ou de l'absence d'une écoute psychothérapique et clinique.

La réalité questionnante et hautement problématique de l'insuffisance d'une évolution professionnelle limitée à une posture d'autorité et de savoir.

Les limites, dangers, insuffisances, directement impliquées par une attitude clinicoïde, soit une interpellation conformée à une certaine rigueur judiciaire, approximative et contrainte, peu respectueuse de la réalité défensive, affective et sexuelle, constitutive de l'actualité du quotidien à vivre par un patient. Adapter la pratique de l'écoute au dispositif sans intégrer ses limites et sa violence, s'aligner sans réserve sur sa justification ne s'avérerait-il pas, à force de compromis, antinomique au processus thérapeutique ? Ne serait-ce pas accentuer crispations et rigidités défensives du consultant ?

Pris dans l'ensemble systémique d'un environnement carcéral et post carcéral, sentenciel et post-sentenciel, le sujet ne tenterait-il pas de malaisément préserver une intériorité surexposée et menacée, sollicitée par des pratiques d'écoute perçues comme intrusives ?

Toute la question de l'écoute et de la clinique psychologique se pose (8). Celle d'une écoute clinique qui ne se réduirait pas à une psychologisation et qui donnerait ici sa place à l'expression et l'exigence d'une parole à même de témoigner d'une sexualité exacerbée et extrêmement difficile à contrôler. Cette psychologisation correspondant à la focalisation l'attention sur certaines caractéristiques comportementales en même temps qu'à l'application d'une stratégie défensive, une résistance, par rapport à un certain usage social et répressif du protocole de soin.

Les entretiens effectués dans le cadre plutôt peu formalisé de la recherche nous sensibilisent ainsi aux remaniements identitaires de sujets inconsciemment confrontés aux exigences conflictuelles de parcours de vie caractérisés par l'épreuve de la sanction et de la répression, dans le contexte très particulier de l'intimité de la vie sexuelle. Une conjoncture essentielle que devraient admettre des psychologues travaillant sur la grande difficulté d'une démarche d'aide où autonomisation et soin tendent à se confondre.

L'écoute n'est pas toujours techniquement assumée, donc. Les entretiens de collègues, dont des patients nous rapportent l'expérience, notre propre pratique, effectués dans un cadre carcéral et surtout post carcéral, nous apportent des éléments éclairants.

Les explications fournies relativement aux suivis socio-judiciaires nous mettent en présence de constats complexes, antinomiques à l'objectif d'efficacité du processus d'injonction de soin, leur apparente logique. Une conjoncture rarement mise en évidence et reconnue par les professionnels (9).

« J'ai rencontré plusieurs fois le psychologue. Bien sûr, il m'a donné l'impression de m'écouter. Mais ses silences perpétuels ont très vite fini par le lasser. Je ne savais plus du tout quoi dire. C'était creux, c'était vide. Quand ça durait trop longtemps, il essayait de relancer le truc, un peu arrogant, pète-sec, des fois. Il essayait de me faire dire des choses que je ne voulais pas, qui laissaient penser que je devais accepter d'être vu comme un salopard qui ne recommencera jamais. Ras-le-bol. J'ai trouvé qu'il ne me respectait pas, c'est tout ».

Ce patient confirme l'impression déjà largement présente dans notre précédente étude de cas. Celle de se sentir constamment jugé et manipulé par des spécialistes et techniciens psys bien éloignés des environnements ou des sujets condamnés, en souffrance, doivent assumer le quotidien du rejet social, ils ne sont, que dans un deuxième temps, en mesure d'aborder plus fondamentalement leur problématique de violence sexuelle. Affaire de conformité à des exigences et nécessite de rendre compte ou bien lieu d'écoute approfondie de l'intimité d'une souffrance sexuelle ? Jusqu'à quel point nous trouvons-nous en face de l'exercice d'une « violence symbolique » imposée ?

Comment des sujets ne sont-ils pas confrontés à l'ambivalence de relations d'écoute dont leur scepticisme ne peut qu'entraver l'intérêt supposé ?

Une logique d'autorité et assujettissement sociaux peut ainsi apparaître chez des soignants psys insuffisamment disposés à travailler sur leur distanciation et neutralité, sinon une certaine indépendance vis-à-vis du pouvoir judiciaire. Comment les aléas et conflits relatifs à leur mise à l'épreuve et à la suspicion pourraient-ils être élaborés dans un cadre plus ou moins inconsciemment perçu comme justifiant de la méfiance ?

« À quoi bon parler, alors que ça pourrait pourtant m'aider et me faire beaucoup de bien ? »

Le travail de prise en charge permettrait-il encore une disposition à l'écoute de la réalité inconsciente et transférentielle de la vie sexuelle (10) ?

Le dirigisme et l'autorité judiciaire, le pouvoir exercé par celle-ci, sont, imposés à un sujet supposé souffrant et qui éprouve la sollicitude psy comme intrusive et aussi la qualification péjorative liée à la maladie et l'anormalité.

L'arrêt de ces prises en charge et surtout sa légitimation est donc proclamée. Il nous confronte à notre difficulté à préserver la possibilité d'un espace clinique susceptible de permettre l'émergence de processus enfouis et ne se réduirait pas à la superficialité, l'illusoire ou l'hypocrisie des « suivis » (11).

C'est un tout autre témoignage que celui d'un patient dont nous assumons la prise en charge par suite d'un départ d'une collègue.

« Le travail que je souhaiterai faire avec vous, j'espère bien qu'il correspondra à ce que le précédent psy a pu faire avec moi. Il m'a beaucoup aidé, apporté, il m'a fait du bien, je vais mieux. » Nous parlant souvent et longuement des séances antérieures, cette jeune femme, condamnée pour meurtre consécutif à des sévices sexuels pourtant consentis, nous évoque ses problèmes, son enfance où elle était malheureuse, son instabilité actuelle et son envie de meurtre à l'encontre des hommes.

« J'ai commencé à comprendre pourquoi je voulais toujours les tuer après les avoir aimés, pour eux-mêmes, le plaisir, le sexe, tout ce qui me détruisait à l'intérieur, en fait. Rencontrer les psychologues, c'est important ou c'est nul, ça dépend. Je vous remercie, vous aussi, vous êtes, vous aussi, quelqu'un d'écoute, quelqu'un de précieux ».

Contraste, interrogation. Dont les tenants et aboutissants nous renvoient personnellement à la formation, l'aptitude à maîtriser le contre-transfert, l'appariement et la dépendance institutionnelle, au positionnement éthique, à la doctrine pénale. Se référer au point de vue des usagers, condamnés, nous montre comment l'expérience originale qu'est l'écoute de la vie sexuelle peut se complexifier, car incroyable diversité. Des entretiens qui dépendent évidemment des contextes organisationnels et institutionnels. Qui encourent le risque d'en rester simplement à la gestion des jugements, discours et rationalisations générés par le dispositif (12).

Les patients ne sont pas dupes, nous le constatons, évidemment. Ils entretiennent leur capacité d'élaboration et d'analyse, la mise en jeu de certaines ressources défensives et donc critiques. Ils ne sont pas prêts à nous rapporter de l'archaïque de leur lien psychique précoce. Nous nous situons toujours dans une sollicitation paradoxale, contradictoire, antinomique à la continuité et à l'approfondissement de ce que les prises en charge seraient à même de dévoiler. Le travail possible devient empirique, aléatoire, fugace. La qualité du lien au thérapeute et des conditions préalables à l'engagement d'un contrat thérapeutique et éthique semble bien altérée (13).

« Mes problèmes, il y avait de gros problèmes, j'ai pu en parler franchement, tout mettre sur la table, ça a été possible avec la psy ».

C'est au-delà d'une obédience thérapeutique stricte, de l'accès aux douleurs et souffrances, psychiques, sexuelles, la notion-clé de responsabilité, responsabilisation, qui semblerait devoir s'imposer.

L'aspect contraignant et autoritaire, contraire à la distanciation et neutralité analytique, intervient. Le psychologue doit négocier, faire preuve de beaucoup de subtilité, « d'insight », analyser les pouvoirs mis en jeu, ainsi que ses propres limites.

Il ne doit jamais ignorer l'omnipotence du concret de la situation sociale, matérielle, économique, d'une part, de l'environnement relationnel, familial, affectif, sexuel, du sujet, de l'autre.

La conjoncture psychosociale peut toujours s'avérer écrasante, définitivement compromettre toute émergence d'éléments inconscients relatifs à une sexualité archaïque et violente, irrémédiablement ancrée dans les structures de personnalité. Et toujours soumise à éprouver la menace judiciaire et la mise à l'épreuve.

Car le travail de soin est axé sur la responsabilité, bien davantage que sur la souffrance, marginale, Ce qu'attend le social, le politique, l'institution judiciaire, prend la force d'une obligation.

Telle dissociation entre soin et ordonnancement de la sanction est au cœur du problème. L'idéalisation des soins ne résiste pas au descriptif des conditions de vie ni à l'analyse précise d'un ensemble de déterminismes auxquels il reste, pour les psychologues, difficile, d'adapter leur pratique, éthique, clinique. Certaines conceptions théoriques et aussi idéologiques deviennent inappropriées, transforment l'approche de la conflictualité psychosexuelle en une donnée artificielle ou abstraite.

« C'était vraiment différent d'un ou d'une psychologue, tantôt l'impression d'être dans la vraie vie, tantôt face à des gens froids et déconnectés de ce que je pouvais éprouver comme sentiment, la peur, le malaise, l'anxiété. J'allais de l'un à l'autre, il fallait bien, mais c'était bizarre, et personne ne s'en rendait compte ».

Contraste, contradiction, question de fond sur le sens, l'organisation, le fonctionnement officiel et occulte des dispositifs ?

— Un sujet réifié et aliéné

Un sujet agresseur sexuel, condamné pour des faits de pédophilie, se rend régulièrement aux consultations mises en place dans le cadre de son incarcération. Il se dit désespéré par le cours pris par son existence, sa volonté, mais aussi son angoisse. Il nous dit « lutter de toutes ses forces pour tenter d'évacuer des souffrances intimes insupportables revenant tout le temps et en rapport à la sexualité ». Il décrit sa vie comme un long parcours marqué par la noirceur, l'obsession, le ressentiment, l'impossibilité de changer quoi que soit d'une « dérive mortelle ».

Le profil clinique rencontré est manifestement de l'ordre d'une dépressivité accentuée pouvant prendre un caractère d'auto-destructivité prépsychotique. La confrontation à la loi, judiciaire, morale et sociale apparaît insoutenable, alors qu'il la reconnaît et semblerait tenter de l'accepter. Penser les contours de ce que représente pour lui la fantasmatique sexuelle semble, dans un premier temps, impossible. L'interdit sexuel, tel qu'il a été présenté par les magistrats représentant l'autorité judiciaire est perçu comme une accusation hostile et manipulatrice pouvant le précipiter dans la négativité et responsabilité de l'opprobre dont il devient le dépositaire obligé.

Une violence en retour correspond à la décision logique d'un procès social de conduites sexuelles ressenties comme insensées, mais aussi incontrôlables et involontaires. Ce sujet nous dit « payer au prix fort, sans qu'on lui témoigne la moindre pitié ».

« Je ne sais plus parler de tout ça, c'est brouillé, c'est perdu dans moi, au fond de moi. Je suis sans doute malade, mais surtout maudit. C'est bien comme ça que je comprends les sanctions du juge qui reviennent. Et puis je vous parle de la vie à venir, je suis infesté, malade. Je ne peux plus rien effacer, je suis marqué, pour toujours, c'est affreux, surtout avec ma vie en prison, comme l'enfer à a vivre maintenant les murs de la prison, de la douleur, du chagrin, jour après jour, minute après minute, comme l'a voulu mon juge quand il a pensé à ma sexualité maudite. Une connerie, au départ, et voilà ! Je sais que j'ai fait du mal. Les enfants aussi, après tout. Mais on ne les punira pas, eux, ce n'est pas tout à fait juste, dans le fond ».

À la rigueur de la décision pénale répond la représentation intime tout à fait insupportable d'un jugement destructeur et vengeur dont les effets apparaissent paradoxalement pathogènes.et sans le moindre effet préventif.

Le sujet ne prend pas du tout en compte la notion de soin et de maladie ou bien de pédagogie ou rééducation sociale et morale. L'idée même de psychothérapie disparaît. Une réalité centrale, décisive perdure, la sanction pénale, brutale, violente, infinie, un recours extrême sans nuance et sans limite, qui ne « laisse aucune chance ».

La transformation est définitive, le statut de « condamné-victime » est définitif, sans recours, sans appel. « Que peut faire un docteur, il ne m'enlèvera pas cette condamnation à vie, cette mort du sexe, aussi, du sexe des enfants, bien sûr, le continent ignoré de tous ».

Un seul repère désormais. L'assignation à la peine sociale de prison, « la découverte d'un univers où on m'a fait plonger, on m'a « précipité ». L'étiquette du « pédophile condamné à vie », la sanction des comportements « inqualifiables » s'imposent massivement, renvoient les traitements proposés au terme de « roupie de sansonnet » par rapport à « ce qu'on me fait endurer ».

Loin d'être perçu comme une décision humanisante, le jugement pénal contribue à la mise en place d'un sentiment intime de destruction sociale et sexuelle issu d'une société dont les juges sont devenus les porte-paroles. Impossible d'échapper à une décision sans appel validant un refus social, un déni, auxquels le condamné s'oppose vainement. La permanence du sentiment approfondi de punition, l'obligation d'emprisonnement puis ensuite, celle d'évoluer à vie, sous le regard d'une justice contrôlant sa vie psychologique et sexuelle ne peuvent qu'entretenir une « souffrance invivable ».

« Tout est bloqué, la prison, c'est un grand choc, un monde étranger et violent, je suis bientôt enfermé sans aucun espoir d'en échapper. Un tournant abrupt, je dois faire face, mais je ne peux pas y penser, tant c'est dur à supporter. Des fois je me dis qu'il vaut mieux en finir. Je n'ai jamais pu avoir de vie sexuelle, de plaisir sexuel, c'est une évidence, et on veut quasiment me tuer pour ça, vous en pensez quoi ? Jamais plus je ne vivrai comme tout le monde, c'est clair. Je suis un être humain qui ne fera sans doute plus jamais l'amour et tout ce qui va avec ».

L'avenir de ce sujet, son destin psychosocial, sa vie psychique, se caractérisent par un éloignement sans recours.

La pratique clinique ne peut qu'admettre la massivité des conflits de tous ordres d'un sujet mis « hors-jeu ». Comment faire avec cet « intraitable » ? Comment entendre les résistances et refus, oppositions et rigidités ? Comment assumer une pratique de la contradiction, de symptômes constamment entretenus par le quotidien à vivre d'un sujet sociologiquement mal positionné, mais supposé posséder les ressources apportées par une prise en charge bienveillante et humanisante ? Toujours diffuse, toujours latente, la question psychopathologique s'insinue, mais, en même temps, s'épuise (14).

Les contours de la pathologie deviennent flous, la réalité pulsionnelle est omniprésente, mais l'abord de ce qui peut apparaître en tant que « douleur existentielle du temps long » (15), rupture, effraction, apparaît cependant, surtout, théorique. Si lecture du symptôme, médicalisation, correspondent aux objectifs des prises en charge, leur approche clinique reste biaisée et doit admettre la résistance de patients « malades et condamnés ».

Il appartient à ceux-ci de défendre « coûte que coûte » ce qu'il leur reste à vivre et le refus de techniques perçues comme intrusives participe de cette logique. La difficulté à vivre et la souffrance psychique se rejoignent, mais sans que la tension sexuelle disparaisse.

Question de soin et d'autonomie, le processus psychiatrique et psychothérapique n'échappe pas à l'ordre social et politique, judiciaire, dominant.

Soignant, mais aussi prescripteur, il incarne une fonction sociale spécifique conformée aux origines historiques du traitement ségrégatif de la folie désormais soumise à la subtilité de dispositifs conformés à l'évolution post-libérale de la société. Folie et sexualité semblent se rejoindre, au plus près de la figuration d'une malédiction sociale légitimée par la fonction purgative de l'institution judiciaire.

C'est sans illusion ni demande que le sujet condamné auquel nous nous référons oppose la réalité concrète à vivre désormais constituée par la domination et la soumission apparues comme la conséquence logique d'actes sexuels violents.

— Un discours stratégique

« L'agresseur sexuel », s'il est confronté à un soignant, rencontre aussi, chez celui-ci, l'incarnation du porte-parole du socius rejetant et, lui aussi, indirectement légitimement violent. Il se situe de la sorte dans une position troublée et défensive, adaptant son propos à l'exigence collective de contrôle et surveillance, qui ne va pas sans une certaine humiliation.

« C'est bien compliqué pour moi de dire le fond de ma pensée, je suis exposé, je crains toujours un « effet boomerang » (un patient en consultation postpénale).

Difficile, pour des patients d'exprimer la dimension inconsciente et fantasmatique d'une vie sexuelle laissant apparaître la crudité de propos possiblement insoutenables et donc inquiétants. Parler de soi, d'une vie sexuelle traversée par le conflit, la violence, la manipulation perverse, aussi, est bien évidemment livrer un contenu éventuellement soumis au risque de transgression ou manipulation du secret professionnel et, surtout, intime.

Soumis à des expertises et évaluations le sujet évolue dans l'anxiété relativement à l'appréciation de son comportement.

Les enjeux sécuritaires s'imposent aux considérations cliniques, ce qu'il perçoit généralement avec pertinence. Le poids du déterminant institutionnel est écrasant. Pouvoir et instrumentalisation traversent tout l'espace relationnel censément orienté vers la dimension psychothérapique (16).

« Je m'interroge toujours sur le travail des différents psychiatres, psychologues, que j'ai rencontrés au cours de mon parcours punitif. En gros, ils ne m'ont fait que des reproches, demandé de me justifier, m'expliquer ».

Je rencontre pour la première fois Paul, adressé pour la continuité de prises en charge interrompues suite à son refus de rencontrer certains psys.

« C'est toujours intrusif, inquisiteur. Les psychologues aussi, dans une moindre mesure. Parfois, mais pas souvent, j'ai pu parler avec une psychologue, des vrais problèmes, de ce qu'il y avait vraiment au fond de moi, la violence, la sexualité, l'amour, la haine, de moi, quoi. C'est généralement trop court, bref, il faut du temps, et ça c'est rare, très rare. Et puis quelle différence entre les uns et les autres. Du pire et du meilleur. Je garde le bon souvenir d'une psy qui m'a bien aidé, elle, au moins, n'a pas tout ramené au passé et à au bienfait de la condamnation, utile et qui m'aiderait, soi-disant, à me refaire, me reconstruire. Au fond je n'ai jamais su, on ne me l'a jamais dit, que je serais malade et que je souffrirais. Certains psychologues, ils avaient une feuille et ils me posaient des questions sur moi, ma vie intime, c'est tout, ça me mettait mal à l'aise, ça me gênait, ça me mettait en colère. Je ne sais pas comment ils ont appris leur métier, ceux-là, c'est un peu bizarre, quand même ».

La dénonciation est systématique et argumentée, probablement cohérente. « Ils ont du pouvoir, trop de pouvoir, sur vous. Ils font comme les médecins, je ne comprends pas toujours la différence, d'ailleurs. On ne comprend pas, mais je vous le répète, quelques-uns sont formidables ; vous, je ne sais pas, je ne vous connais pas assez ».

Comme souvent, le propos témoigne de très importantes disparités. D'ambiguïtés par rapport à la sanction pénale, des points de vue contrastés voire opposés.

Les patients perçoivent généralement ces contradictions ou incohérences. Celles-ci déterminent logiquement le cours et la signification du travail de soin. Les rapports de pouvoir, l'implication dans la répression et la contrainte, le rôle au sein de l'environnement pénale sont décryptés avec une certaine pertinence. Tout comme la question du pouvoir judiciaire. Soin, accès à l'intimité psychique, à la vie sexuelle et à l'affect, violence sous-jacente et manipulatoire, contrôle social du comportement, quasi impossibilité d'objectiver le risque, autant de notions qui apparaissent donc au centre du questionnement d'un modèle faussement psychothérapique.

Dispositif de soin, expertise et interprétation, l'interrogation des pratiques psychologique, n'échappent pas à la remise en question, à la mesure de l'extrême variété des aménagements au cas par cas.

— Décentrement

Les entretiens montrent bien le déplacement des perspectives. Les sujets parlent certes d'eux-mêmes, mais insistent également beaucoup sur le fonctionnement et le cadre de référence institutionnelle et ses ambiguïtés. La réalité concrète, triviale, pourrait-on dire, est bien présente, l'écoute met en évidence incohérences, paradoxe, arbitraire, de pratiques diversifiées. La critique est souvent virulente chez des sujets soulignant des aspects surprenants et contestables du fonctionnement des soignants (17).

« Des psychologues m'ont dit que j'avais été expertisé de manière aberrante et que je n'étais ni malade ni pervers. Ils m'ont également dit que, selon eux, je pouvais être considéré comme la victime de jugements extrêmement sévères et contestables. C'était en quelque sorte comme si on parlait ensemble, sincèrement, off, en dehors du cadre officiel, du cadre légal et pénal, loin, très loin de la prison, bien sûr. J'ai été soulagé, heureux d'entendre ces soignants, bien loin de ce que j'entends sans arrêt, qu'on veut à toute force me mettre dans la tête l'idée que je suis un coupable, le coupable. Avec eux je comprends aussi que je ne suis pas si mauvais qu'ils le pensent ».

Confronté à un tel témoignage, nous hésitons, nous nous interrogeons quant à la nécessité du recul critique, de la distanciation vis-à-vis de la condamnation conjointe de l'institution judiciaire et de la société, des médias. La complexité, le flou des problématiques, l'évolution des discours au cours du temps des prises en charge, ne nous mettent-ils pas, praticien, en présence d'un malaise ? La multiplicité et l'intrication des éléments entendus tend à nuancer l'antinomie agresseur victime, à relativiser la notion de culpabilité. Voire sa problématique.

La question de la reconnaissance du délit, dénié par le sujet, s'affirme, ou en tout cas s'insinue. Elle s'entretient de la perspective centrale du désaccord du consultant. Lequel ressent un profond sentiment d'injustice, souffrance et malaise, puis refus des accusations portées contre lui.

Il décrit le dispositif punitif et disciplinaire comme oppression, une destruction dont il mourra, sans espoir de recours ou réhabilitation. L'impression d'injonction paradoxale : « Guéris, mais oublie ton désir sexuel et pervers ! » peut s'évoquer. Plaçant le sujet dans une position impossible. La logique de réparation perd son sens puisqu'il ne s'est rien passé d'essentiel depuis les agressions commises.

« Depuis longtemps que je jure n'avoir rien fait, ne jamais avoir commis d'agression sexuelle ! Tout ce qui a semé dans ma tête le terrible poison du doute, la justice, le rouleau compresseur, je suis anéanti, laminé. J'ai hurlé depuis des années à propos de ma bonne foi, ça n'a servi absolument à rien. Je suis angoissé, détruit, tout a été inutile puisque ça n'a jamais pu faire remonter ma vérité, la seule. A vrai dire. Je n'accepte pas d'entendre et penser que je sois coupable. Je suis innocent, un point c'est tout, qu'est-ce que vous me dites, qu'est-ce vous me préconisez, me dites de faire, vous, psy ? ».

Ce premier entretien avec un patient de quarante-deux ans soumis, à sa sortie de prison, à une peine de probation, avait aussi permis un long développement portant sur le prolongement d'une souffrance aiguë éprouvée tout au long de la vie carcérale avant tout dominée par ce sentiment d'injustice profonde.

Mais comment faire, par rapport à ces aveux, jusqu'où le déni ? Comment mettre en place une dynamique psychothérapique et transférentielle dans un tel contexte où l'on percevra gène et ambigüité d'une décision pénale perçue, comme violence ? Quelle prise en considération de l'inconscient et de la sexualité, dans un tel contexte (18) ? S'il convient d'insister sur ce qui peut être ressenti d'un flou institutionnel, il y a aussi à préserver un axe de travail de l'émergence d'une souffrance et d'une culpabilité entretenues autour de l'imaginaire des victimes ? Évocation de la notion de solitude et d'engagement éthique, d'un praticien à un autre, différent.

Le discours d'un autre patient peut nous apporter quelques éléments supplémentaires d'analyse et de réflexion. Nous le rencontrons à notre demande.

« Je ne nie pas les faits, j'ai agressé sexuellement des femmes, c'est vrai. J'ai été condamné, emprisonné, cela a été, pour moi, très dur, très compliqué. J'ai suivi un traitement psychologique au long cours, scrupuleusement. Je n'ai plus envie de grand-chose, pour le sexe, non plus. Je suis épuisé, déprimé, c'est surtout ça, Je ne vais pas bien, pas mieux. La peine n'a servi à rien, rien qu'à m'enfoncer définitivement ».

Nous remarquons la lassitude, le syndrome dépressif apparent. Une impression de condamnation morale démesurée et même déshumanisée, que la fonction thérapeutique de la peine ne semblerait pas avoir soulagée. Un vécu douloureux s'impose, constitue l'essentiel de la transformation de l'expérience de vie d'un condamné. L'impression d'injonction paradoxale, l'injonction conjointe de guérir et souffrir domine et constitue la trame de tous les entretiens.

« Je suis extrêmement angoissé par tout ce qui vient de la justice. Ils me forcent à me penser coupable, ce que je ne suis pas véritablement. Je ne sais pas quoi faire, c'est impossible d'enlever, est indélébile, marqué au fer rouge. Je ne suis on ne peut être plus clair là-dessus ».

Revenant constamment à la procédure de condamnation, à la peine carcérale, ce sujet n'exprime exclusivement, au cours des entretiens, que la contestation de la procédure pénale et donc de sa condamnation. Le développement progressif d'une logique soignante basée sur la parole intime et l'évocation d'une sexualité traumatique est définitivement arrêté. Notre position de professionnel psy devient des plus malaisées. Comment se positionner vis-à-vis de cette démarche argumentée et cohérente ? Ce refus d'admettre et penser ce qui est exprimé en tant que « survie psychique », capacité à survivre à ce qui est ressenti comme, là aussi, particulièrement violent. Au travail sur l'acceptation et la reconnaissance d'actes sexuels violents et leurs conséquences sur les victimes, succède le refus, l'incapacité à déroger à une autre lecture, un autre point de vue. La possibilité d'une parole permettant de décrire et expliquer l'agression tourne court, impossible (19) (20).

« Des fois, je suis rassuré de pouvoir parler, même si c'est tellement rare. Ça me réconforte de pouvoir parler de ce que je pense de ce que je pourrais être coupable. Que je paye aussi bien pour moi que pour tous les autres. J'ai fait la prison, j'ai payé bien lourd, après je suis devenu amer, triste perdu, très très malheureux. Ça ne passe pas, absolument pas, ça ne passera plus jamais ».

Absence de distanciation vis-à-vis de la condamnation. L'histoire de ce patient est définitivement marquée par l'injustice d'une condamnation morale sans recours. Nous devons admettre, par rapport à celle-ci, l'absence de mise en jeu d'une dynamique permettant l'émergence d'une parole susceptible de mettre à jour la réalité inconsciente.

Il s'agit de la réalité psychique clivée des réminiscences révélant la latence d'implications émotionnelles liées à des images fantasmatiques évocatrices d'actes sexuels violents et archaïques. L'hypothèse d'une confusion entre loi judiciaire et assomption symbolique d'un imaginaire de la loi sexuée est mise en évidence. L'ambiguïté et le flou entretenus autour des faits d'agression ne sont pas écartés (21).

4 – Une restructuration psychique des sujets ?

Le travail dit de soin ou suivi psychologique est au premier abord banalisé. Lieu commun, poncif, politiquement correct aussi, la possible mise en place d'un lieu de parole permettrait l'aménagement, voire la guérison, de la souffrance psychique. Puisque l'expression de la vie subjective déterminerait la réussite du processus psychothérapique. Mais, appliqué au contexte original du traitement de l'agression sexuelle, le principe s'avère difficilement applicable.

Nous nous situons à l'évidence dans une forme aboutie de contrôle social rendant l'attitude d'écoute compréhensive à d'indéniables contradictions. L'exigence clinicienne, pratique et théorique, éthique, est soumise et surdéterminée par son appartenance au dispositif, pénal et médico-psychiatrique (22).

Albert n'est pas atteint de troubles psychiques conséquents et avérés. Il présente toutefois une personnalité marquée par d'importantes manifestations narcissiques. Sa quête affective permanente se manifeste par un appauvrissement relationnel tout à fait significatif. Un contexte général de doute, instabilité et insécurité psychique semble cliniquement présent. Il apparaît, compte tenu de celui-ci, difficile d'envisager l'évolution favorable des traits psychologiques préoccupants mis en évidence lors des faits d'agression sexuelle ayant conduit à la condamnation. Le risque potentiel de dangerosité et de récidive semble avéré. Une réflexion sur un possible aménagement de peine apparaît nécessaire.

Le point de vue institutionnel est clair. Des mesures de semi-liberté sont incontournables, tout comme la poursuite d'une procédure d'obligation de soin semble indispensable. Cela, compte tenu de ses difficultés, mais aussi du refus d'assumer et reconnaître les conséquences de ses actes.

L'évolution de ce sujet semble aléatoire, elle justifie la plus grande attention, le contrôle, la poursuite d'une démarche d'aide et de soutien appropriés. L'indispensable condition d'une réinsertion sociale. Ce qui serait à retenir de cette brève synthèse d'un travail d'expertise montre bien l'orientation péjorative. Témoigne d'une démarche évaluative défavorable, plutôt éloignée de la réalité clinique d'une affectivité et d'une souffrance d'un sujet soumis à des jugements portant avant tout sur l'application technique de la peine.

« J'ai rencontré un expert il y a quelques semaines, il m'a posé des questions, une liste, ça a été rapide, pas approfondi du tout, tout ça pour ça ».

L'impression décrite par Albert, que nous avons pu rencontrer, est bien celle d'une procédure superficielle, expéditive, bien éloignée de l'exigence et du long investissement souvent proclamés. La dénonciation semble logiquement conforme à la globalité de la critique du dispositif.

« L'entretien a duré environ une demie heure. Le psychiatre a vu plusieurs patients dans la matinée. Il ne s'est pas attardé et n'a pas répondu à mes questions. Il n'a aucunement cherché à comprendre qui j'étais. On n'a pas parlé de l'affaire, de ce que j'ai fait, Il m'a dit qu'il n'était pas là pour me soigner. J'ai su après que ce qu'il avait écrit dans son rapport était fort critique et allait me mettre en difficulté. Il ne voulait pas aller contre la sévérité des juges, c'est clair ».

Ce que retient ce patient de sa rencontre avec l'expert psychiatre traduit évidemment le mécontentement, sa revendication conflictuelle de sujet expertisé. L'interprétation pronostique et diagnostique semble empreinte de conformisme, d'une logique descriptive conformée à des protocoles normatifs relativement éloignés d'une recherche clinique axée sur des éléments d'ordre psycho-dynamique et relatifs à la sexualité.

Tel autre sujet témoigne lui aussi d'une profonde insatisfaction. « On n'a fait que dénoncer ma sexualité, un procès de ma vie sexuelle, c'est tout, rien d'autre. On m'a accusé d'avoir cherché à organiser toute ma vie, familiale, professionnelle, dans le seul but d'assouvir mes perversions. Toute ma vie, mes intérêts, mes objectifs, mes passions, ma vie amoureuse, ont été bafouées. Je ne me reconnais pas dans le diagnostic du psychiatre, il n'y a rien qui me correspond, je réfute, je ne suis pas un pervers polymorphe inamendable. La condamnation, injuste, du psychiatre et du juge est sans retour, c'est toute ma vie qui est sanctionnée. »

Un patient m'explique donc que la première rencontre inaugurale de son parcours judiciaire et pénal en est restée à une confrontation conflictuelle marquée par l'incompréhension de professionnels réfractaires à toute dynamique émotionnelle. Ce qui a développé chez lui un profond sentiment d'injustice et interpelle la légitimité des institutions en charge de la justice et de l'application de la loi (23).

Encore un témoignage. Celui d'un patient évoquant une totale contradiction entre ce qu'il ressent et ce qui apparaît dans « les rapports le concernant ». Un décalage fondamental apparaît, selon lui, entre ce qui est rapporté et ce qui est éprouvé. Les conséquences pénales lui apparaîtront injustifiées, la conséquence d'interprétations erronées. Le rapport d'autorité brutale et sans nuance est dénoncé. À juste titre ?

« Dès le début, j'ai compris à qui, à quoi, j'aurai à faire. Tout est allé dans le sens des condamnations les plus sévères possibles. Les juges, d'application des peines, y compris. C'est la logique sécuritaire, point barre. On est un criminel, d'abord un criminel, le reste, tout le reste… Je suis le jouet des décisions, juges, médecins. Rien d'autre à dire, tout est joué, dans une logique implacable et désespérante ».

5 – Technicité et expertise sous le signe de l'empirisme

Le champ du médicolégal et du médico-judiciaire se situe au centre des multiples interrogations théoriques et pratiques soulevées ici. Celles-ci concernent évidemment la vie psychique, et sociale, de l'agresseur. Son histoire de vie, sa biographie, l'implication dans l'acte. Elles ne cessent d'interroger, d'interpeller, des lectures essentiellement réductrices et de scientificité discutable. La superficialité y est parfois présente. Elle surprend (24). Et les développements du discours, de la rhétorique médicale et experte, correspondent à la logique propre à la finalité judiciaire.

Il s'agit de définir, construire et structurer la mise en forme en fonction d'une compréhension, « crispée », c'est-à-dire conforme à la fonctionnalité attendue par le regard judiciaire, in fine détenteur essentiel du pouvoir de réflexion et d'analyse fixant la peine et le soin. Crime, maladie et sexualité sont intriqués, situés dans une même logique événementielle, de l'acte, de la rupture, de l'explication de conduites enjeux de diagnostics, de procédures, sanction et répression. Pratique médico-légale essentielle, la mise en jeu de la technicité expertale est censée restituer la réalité de la conduite et elle justifie et conforte l'exigence d'exactitude requise par la légitimité de l'instance pénale, référence ultime.

Avant toute pratique évaluative, l'expertise s'éloigne du diagnostic. Elle devient un exercice de structuration et de présentation de données aux conclusions précisément adaptées aux commandes institutionnelles et contrôles sociaux. L'orientation de la démarche psychiatrique se précise, en fonction d'objectifs déterminés : la recherche de corrélations entre pathologie, personnalité, responsabilité, dangerosité, accessibilité à la sanction et aux soins, adaptabilité, nécessité d'injonction de soins, altération du jugement. Une trame que l'on interrogera et où l'on remarquera des tendances et des logiques. À la mesure d'attentes diverses thérapeutiques, politiques, pédologiques.

Des éléments relatifs à la structure de personnalité, au niveau intellectuel, de la sexualité, constituent la base d'un repérage sémiologique et biographique. Suit le descriptif des infractions, de leur contexte. Puis des considérations pronostiques relatives au risque, à la dangerosité, la pertinence des démarches soignantes, dont chimiothérapiques.

L'accessibilité à la sanction pénale, la capacité à intégrer un travail psychothérapique, une évaluation du risque de récidive orientent la base interprétative de ce qui s'avérera pénalement déterminant. Loin d'apparaître comme un élément central de la problématique, la question de la sexualité n'est, le plus souvent, que peu présente. Ce seront au final, la notion de réadaptation sociale et de traitement de la dangerosité qui s'avèreraient essentiels.

Les conclusions se situeront probablement toujours dans le sens de l'application aléatoire et empirique de traitements et suivis psychologiques significativement éloignés ou détournés de la réalité obscure et compulsive des mécanismes pulsionnels et sexuels dont il s'agirait pourtant d'analyser et écouter. L'ambivalence ? La réalité clinique de la dimension psycho-pathologique est logiquement, structurellement, soumise à l'option du punir et soigner. Elle repose sur la notion de responsabilisation et admet une conceptualisation originale caractérisée par la recherche de la dangerosité et l'exercice correspondant d'une mission. La recherche de l'objectivation de mécanismes pervers, perversion et perversité, tend à s'imposer. Quoique des plus difficiles à objectiver.

La préconisation des suivis médico-judiciaires et socio-judiciaires, l'évolution de ceux-ci, mais aussi les difficultés récurrentes à les objectiver, souvent faute de résultats probants, constituent la toile de fond d'une logique dominante (25). Dont l'exercice s'effectue bien davantage au bénéfice du tiers, société, victime, que du consultant. Nous retiendrons l'idée d'une prégnance de l'institution judiciaire et pénale, de l'attention systématique à la conformité de l'évolution du patient, d'une association des éléments relatifs à la psychopathologie à la lecture judiciaire, d'une raréfaction de la présence d'éléments concernant la spécificité du travail psychothérapique entrepris. La notion critique d'imprécision peut être évoquée. Le point de vue restant largement dominé par la notion de dangerosité des comportements. Souvent présente, la notion de perversion est surtout perçue en des termes médico-légaux, davantage que freudiens.

Les références théoriques au corpus psychopathologique sont ainsi orientées vers une formulation évaluatrice toujours difficile à formaliser. La recherche interprétative et pronostique apparaissant néanmoins, comme on le sait, aléatoire (26).

« L'atteinte identitaire de P. serait donc symptomatique. Elle expliquerait son angoisse et des tendances irrépressibles au passage à l'acte. La dangerosité semble avérée et surtout, probablement, peu évoluer. Un allégement de la contrainte pénale est peu envisageable. » (Un psychiatre de C.M.P.).

6 – L'idéologie du risque et de la récidive

La notion de dangerosité, le risque potentiel et la menace représentés par les agresseurs sexuels expliquent le développement de politiques autoritaires de contrôle. Elles contribuent à un interventionnisme systématique auquel de nombreux praticiens collaborent. L'évaluation psychiatrique et actuarielle des risques comportementaux s'inscrit ainsi dans un processus de défense sociale essentiellement basée sur des expertises psys conformées à la pratique judiciaire et ses mutations en cours (27).

Paul est soigné dans un cadre d'injonction de soins. Il est soumis à un contrôle judiciaire extrêmement strict. Il est perçu comme pouvant être dangereux, potentiellement récidiviste. Il dit particulièrement souffrir de cette situation de soumission à une surveillance ininterrompue.

« Ce que je crois savoir des experts, c'est qu'ils m'ont chargé. Il a expliqué, en gros, que je serais un type particulièrement dangereux, salopard, pervers, en quelque sorte. Pourtant, est-ce que je suis dangereux ? Je ne crois pas. La seule chose qui compte, c'est pour eux, de ne pas prendre le moindre risque, le parapluie, se protéger, ce n'est rien d'autre. Ils ne prouvent jamais rien. Ça fait longtemps que je n'ai rien fait d'inquiétant, pour sûr ».

La perception du risque, de l'incrimination, de la prévention sont mal acceptées, dans un sens différent de celui du soignant. L'interrogation du dispositif, son interpellation sont là encore envahies par des idées d'injustice, arbitraire violence et incompétence, les effets de pouvoirs, pour lui sans recours.

« Ma vie, en ce moment, c'est la misère, l'isolement, mes enfants, ma femme ont disparu. J'essaie difficilement de reconstruire ma vie, vous croyez vraiment que je vais tout risquer, recommencer et à nouveau tout foutre en l'air ? »

Nous sommes donc encore dans l'ambivalence, la dialectique obligée du soin et de la peine. La peine ne s'arrête pas. Prévention de la récidive et punition s'entretiennent, se confondent. Le sujet est toujours dangereux, anormal, sexuellement violent. Toujours mis en demeure de contrôler sa pulsion sexuelle. Sujet condamné, sujet dangereux, l'agresseur sexuel n'échappera plus à un procès latent, à la permanence d'une culpabilisation diffuse subliminale et inculquée.

Question de dispositif, de pratique, de procédure, ce que perçoit ce sujet agresseur semble décalé, des objectifs initiaux de soins sont biaisés.

« Ce que je ressens, quand je suis tout le temps contrôlé et poursuivi, c'est différent de ce qu'ils croient que je suis, un prédateur, un monstre. Non, ce que je ressens, c'est très différent, de l'incertitude, du doute, l'angoisse d'une tension où ma vie sexuelle est entre parenthèse. J'ai pu être dangereux, je pense que je ne le suis plus ».

Paul, comme beaucoup d'autres, tente d'expliquer qu'on le soupçonne à tort, qu'il ne serait plus dangereux, Des mécanismes défensifs se font jour. Mis en jeu par le dispositif ressenti comme inapproprié, persécutoire, inadéquat à développer un travail et une parole sur l'inconscient, l'intime et la vie sexuelle. Le statut pénal est définitif et justifie une évolution psychopathologique cliniquement antinomique à la pacification attendue de la pulsion mortifère.

Qu'en est-il, nous insistons, du statut clinique d'une pratique approfondie laissant sa place à l'inconscient, la pulsion de mort, qui ne serait pas entravée par le signifiant pénal d'une inéluctable criminalisation faisant l'impasse sur l'excitation sexuelle et son incontrôlable intensité ?

Un inéluctable sentiment d'altérité, stigmatisation et exclusion, entretient l'impression de constamment rencontrer des obstacles et des limites compromettant définitivement activités et vie sociale. Le sujet pense perdre sa liberté, son humanité. Il se sent victime, lui aussi. On dénonce son manque d'empathie, sens moral, altruisme, respect d'autrui.

« Comment voulez-vous que je fasse du sport ou tout simplement je cherche un travail avec le bracelet et donc, tout de suite, avoir à m'expliquer, me justifier, donc parler d'une mauvaise image de moi, l'échec, c'est fatal, c'est toujours refus. » (Un sujet condamné à une peine de probation).

Difficulté à vivre le temps, à vivre mouvements et déplacements, la réalité psychique de la sanction est d'abord essentiellement matérielle, concrète. La soumission au système de la peine compromet la représentation de l'avenir, décourage, neutralise. Le retentissement sur l'affectivité se manifeste constamment, identification et culpabilisation s'alimentent l'une, l'autre, hypothèquent les projets souhaités de reconstruction (28).

« Si je suis apparemment libre, je ne peux, en fait, pas faire grand-chose. C'est très dur. La justice me suit toujours, pas à pas. Elle ne me lâche pas, elle ne me lâchera plus, je m'en rends compte. Je suis divorcé, ma femme est loin, avec mes enfants. C'est galère pour les voir. Je les vois si peu, de moins en moins, c'est si dur, c'est trop dur. Moi aussi je suis devenu victime. » (Le même patient).

Le sujet n'accepte évidemment pas cette lecture de sa personnalité. Pris dans un discours, une représentation discriminante et disqualifiante, il affirme des résistances, des oppositions conflictuelles déterminent un système de pensée sous tension, toujours soumise au risque de la fulgurance et de tension d'actes sexuels déviants et incontrôlés. Le conflit, la surveillance, le doute et l'incertitude sont omniprésents, la réalité inconsciente d'une sexualité effractive et toxique reste réelle.

L'agresseur sexuel est essentiellement vulnérable. Dans et hors la prison. Pathologie psychique, exclusion et anormalité, souffrance et tension d'ordre sexuel, permanence d'un jugement concret et symbolique de condamnation, restent au centre d'une confrontation anxiogène, mais aussi souvent violente aux multiples aspects d'un environnement essentiellement perçu à partir du contrôle de personnages incarnant le contrôle pénal (29).

« J'ai essayé de participer à divers groupes d'activité et aussi des associations, ce qui pouvait m'intéresser et m'aider. Malheureusement on m'a tout de suite fait comprendre, à chaque fois, que je n'étais vraiment pas le bienvenu. Toujours prendre ça dans la tronche, je n'en peux plus, plus du tout. Franchement, je fais tout, mais vraiment tout, ce que je peux. Impossible de faire plus. Ce qu'on me dit, toujours la même chose, des efforts, du repentir, se pencher sur mon for intérieur, penser sans arrêt aux victimes, j'en peux plus, j'en ai marre, voilà tout. »

Nous voilà en présence d'un « Destin ». Une condamnation irréducti-blement imprégnée dans la pensée et la personnalité de ce sujet agresseur sexuel. L'assignation semble sans recours. On y retrouvera l'histoire d'une sexualité archaïque, la criminalisation, la concrétisation d'une expérience de déni social, l'incapacité pratique et institutionnelle à élaborer un improbable travail de pacification et élaboration de tendances mortifères enfouies, mais toujours réelles et latentes, malaisément refoulées.

Références

1. Adam, C., Auteurs de violences sexuelles, Audition publique, Paris, 2018.
2. Saetta, S., Inciter des auteurs d'infractions à caractère sexuel incarcérés à se soigner, Revue électronique, « Champ Pénal », Vol. XIII, 2016.
3. Huguet M., L'ennui ou la douleur du temps, Masson, Paris, 1987.
4. Ciavaldini A., Psychopathologie des agresseurs sexuels, Paris, Masson, 1999.
5. Gaillard A., Sexualité en prison, désert affectif et désir sous contrainte, Max Milo, Paris, 2000.
6. Saetta S., L'expertise psychiatrique dans les affaires criminelles, humanisme répressif et défense sociale de type managérial, Les cahiers pour la justice, N° 3, 2012, p. 105-123.
7. Adam C., Délinquants sexuels et pratiques psychosociales, rester clinicien en milieu carcéral, Larcier, Bruxelles, 2011.
8. Huguet M., *op. cit.*

9. Adam C., *op. cit.*
10. Brie G., Des pédophiles derrière les barreaux, L'Harmattan, Paris, 2014.
11 Mistretta P., L'illusion du consentement du délinquant à l'acte médical et aux soins en droit pénal, « Revue internationale de droit pénal », 82, 2011, pp.19-39.
12. Doron C.O., La volonté de soigner, d'un singulier désir de soin dans les politiques pénales, La philosophie du soin, p. 283-300, P.U.F, Paris, 2011.
13. Bourillon J., Les criminels sexuels, L'Harmattan, Paris, 1999.
14. Doron C.O., *op. cit.*
15. Huguet M. *op. cit.*
16. Cartuyvels Y., Wyvekens B. et Van De Kherkove M. ? Soigner ou punir, un regard empirique sur la défense sociale en Belgique, P.U. Saint-Louis, Bruxelles, 2010.
17. Mistretta P., *op. cit.*
18. Bourillon J., op. cit.
19. Doron C.O., *op. cit.*
20. Assoun P. L., Freud et les sciences sociales, Armand Colin, Paris, 2008.
21. Green A., Les chaînes d'Éros, Odile Jacob, Paris, 1997.
22. Saetta S., *op. cit.*
23. Saetta S., *op. cit.*
24. Adam C., Penser les agressions sexuelles, Érès, Toulouse, p. 155-168, 2016.
25. Gautron V., La rationalisation des méthodes d'évaluation, revue électronique « Champ Pénal », Vol XI, 2014.
26. Englebert J. et Adam C. La personnalité antisociale, antithèse de la psychopathologie, revue « Déviance et société » 2017/1, vol. 41, p. 3-28.
27. Massé M., Guidicelli A. et Jean J.-P., Un droit pénal postmoderne ? P.U.F., Paris, 2009.
28. Ciavaldini A., La prise en charge des délinquants sexuels, Fédération Wallonie Bruxelles, 2012.
29. Ciavaldini A., (sous la direction de), Violences sexuels, le soin sous contrôle judiciaire, In Press, Paris, 2003.

Chapitre III

STIGMATISATION, ÉPREUVE, CONFLIT ET DÉNI

1 – L'atteinte et la brutalisation du sujet psychique

Nous insistons sur l'expérience intime de l'éprouvé d'une contrainte permanente, une exclusion de type psychosocial, définitive et radicale. La présence consciente, et inconsciente, de la réalité des agressions sexuelles commises antérieurement est loin d'apparaître comme l'élément déterminant des multiples entretiens entrepris.

Comme pour toute prise en charge psy, ceux-ci ne donnent pas l'impression d'une cohérence, évolution ou progrès dans le sens d'un soulagement appelé par la thérapeutique. Conflits, résistance et souffrance, alternance de paroles et de silence souvent long, pesant, tensif, rythment généralement le cours d'un travail clinique approfondi. La démarche connue d'attention subtile et neutre à la psychodynamique inconsciente, son contenu pulsionnel et sexuel, atteint constamment ses limites techniques. L'empathie, compréhension puis neutralité transférentielle, la base d'une relation soignante, sont envahies par la prégnance de la dimension pénale, carcérale, la vulnérabilité liée aux conditions de vie et à la précarité, l'isolement, la stigmatisation au quotidien (1) (2).

Essayer de permettre au sujet de se restituer ne devient-il pas, dans ces conditions, de constamment se réapproprier un outil à même de saisir l'élaboration des plus chaotiques de ce qui concerne une vie et aussi une histoire, psychique, sociale et donc sexuelle ? Si l'exigence scientifique reste de mise, la sollicitation du sujet agresseur atteint ses limites. Différents niveaux de lecture s'enchevêtrent La quête identitaire, la dimension inconsciente du sexuel, la conflictualité psychosociale liée aux conditions de vie et la pénalisation, entretiennent la complexité et les contradictions inhérentes au processus associant recherche et connaissance, aide distance, accès à la souffrance, mais aussi persistance de la répression et du contrôle. La notion de mise à l'épreuve est omniprésente, elle ne saurait disparaître du cadre de travail. Contribuant donc à compromettre l'exigence d'un projet d'orthopédie sociale (3) (4).

Nous présentons ici le descriptif de la prise en charge de Jean, âgé de quarante-deux ans, condamné à douze ans de prison, une peine récemment purgée.

Jean fait apparaître d'emblée un sentiment de violence manifeste. Il est agressif, menaçant. Il exprime de l'agressivité, de la violence, des menaces. Il dénonce la conjuration, la collusion des intervenants, juristes, psys, tous voués à sa perte, poursuivant tous le même objectif de privation de liberté. Il évoque la brutalité des expertises, des jugements. On veut l'enfermer et même le tuer. Et il évoque, comme ultime moyen de résistance, la menace de son propre suicide. « Pas grand-chose à dire, au fond. » La nécessité d'une lutte, d'une révolte, mais aussi l'impasse, l'absence de toute évocation, même implicite, d'agressions sexuelles qui ont cependant logiquement amené la condamnation.

Jean évoque dans un deuxième temps son corps et son sexe. La colère est difficilement contenue. L'hostilité à l'encontre d'autres professionnels manifeste. D'autres entretiens suivent. Jean nous parle davantage de lui-même, de son enfance, de sa vie. Il nous livre le récit du malheur à vivre de n'avoir jamais rien eu, d'avoir tout perdu. D'avoir été jugé pour ça, pour confirmer, une fois pour toutes « n'être rien ».

C'est ensuite un changement relatif. Jean reconnaît qu'il faut bien que ça sorte. Il dit même « vouloir aller à l'essentiel ». L'autojustification est plus nuancée. Il s'intéresse davantage aux sollicitations, aux questions, interroge le sens de la rencontre et même du soin.

Apparaît, avec insistance, un sentiment de désarroi, solitude, échec et même renoncement à la critique agressive des lieux de pouvoirs. Il évoque l'intérêt possible des psychothérapies.

Un dernier entretien, le septième, marque le terme de la relation progressivement instaurée. Jean en fait rapidement le bilan, positif. L'émergence d'une parole lui est apparue possible, utile, mais pas au point de persévérer. La perception des institutions et intervenants semble moins hostile. Pour autant, peu d'éléments sur l'histoire de vie, la solitude affective, les relations aux femmes, la sexualité. Moins encore sur les agressions sexuelles, les victimes, la condamnation, la nécessité de se soumettre à un travail sur soi.

Au final, peu d'éléments relatifs à la psychopathologie et l'insistante représentation d'un destin social et identitaire malheureux, jugé et condamné. Et donc l'ébauche d'une capacité à parler de soi.

Transparaît, dans l'ensemble des entretiens, une indéniable souffrance. On en retiendra l'aspect conflictuel, l'aspect d'une tension permanente, mais aussi l'impossibilité d'exprimer la réalité paroxystique des épisodes de passages aux actes d'agression sexuelle particulièrement violente, tous comptent faits, donc, méconnus, absents.

Contradictions, culpabilité, reconstruction restructuration de soi, la problématique psychique entretenue par l'impasse autour de la vie sexuelle n'échappe pas au sentiment récurrent et persécutoire d'autojustification.

La question identitaire est, à l'évidence, bien présente. Elle est essentielle, concerne précisément la vie sociale et sexuelles, ses manquements, ses échecs anciens et aussi archaïques. Elle ne saurait être cohérente à l'idée systématiquement présente d'abstinence sexuelle.

L'épreuve, la mise à l'épreuve, sociale et psychique sont bien présentes. Elle est amplifiée par l'emprise pénale. Les commandes et injonctions se heurtent à des résistances massives, des rationalisations, l'interpellation. Certaines directives sont très mal supportées. Par exemple, la proposition d'un soulagement et d'une abstinence basées sur satiation masturbatoire. Perçue comme une humiliante mise en cause narcissique. Aux conséquences, peut-être, non négligeables. La non-reconnaissance, par les professionnels, des affects psychiques, est cliniquement présente, évidente (5).

2 – Langage et violence, une subjectivité étouffée

Des entretiens difficiles et complexes où l'écoute de la parole témoignent de la douleur, de la souffrance et de la tension, mais sont aussi caractérisés par le clivage et le mutisme, le déni. Ils soumettent, comme le plus souvent, le praticien à la difficulté d'assumer les décharges d'affects.

L'enfance est présentée comme douloureuse, éprouvante, mais laisse aussi l'impression de vide. Il y'a eu des épisodes récurrents de violence physique, mais aussi, semble-t-il, sexuelle. Le père est évoqué de manière très discrète, allusive.

« Je peux à peine vous dire ça. Battu, frappé, des coups de boutoir, dans mon cul, le cul qui brûle, en feu. Une drôle d'impression, bizarre. Comme un soulagement quand ça s'arrête, Je n'ai jamais pu oublier, dans moi, dans mon corps ».

« Tout le temps, comme une brûlure. Dans ma tête, je ne sais même plus qui a fait cela, ce n'était pas mon père, je pense. J'en sais rien. J'arrive pas à en dire plus, autre chose, c'est ça. Après, plus tard, au collège, au lycée, Ça a recommencé, mais là j'étais d'accord, j'étais consentant, même si ça me faisait toujours mal. Parce que me faisait aussi du plaisir. J'ai pensé depuis ce temps-là tout le temps à ça. J'ai pas envie de vous en parler, mais je vous en parle quand même, c'est bizarre comme impression ».

De la souffrance, massive, évidemment, mais aussi une exclusion psychosociale massive La disparition effective d'un environnement ressenti comme vide, hostile. Les supposées vertus apaisantes de la bienveillance judiciaire sont perçues comme un leurre, un mensonge.

Un réel social abrupt s'impose inéluctablement, malaise, humiliation, impuissance et, ajouterons-nous, une sexualité impossible à vivre. Déniée, forcément. Ce que l'institution judiciaire cautionne et légitime, non sans brutalité. Proposée, l'aide psychologique est perçue comme anecdotique, bien loin d'une détresse sociale, affective, narcissique, sexuelle, aux multiples aspects intriqués. Le sujet n'aspire pas à être condamné, ni soulagé.

« Tout ce que je retiens de ces affaires, c'est qu'on me demande des efforts, sans arrêt, encore toujours. Une fuite en avant alors que tout va mal, une fuite en avant. Comme je vous dis, on m'écouterait, et puis quoi alors ». « Du pipeau, je vous dis. Ce que je demande, retrouver des gens, ma famille, des amis, un boulot, la vraie vie, quoi. Pas toutes ces conneries ».

Comment les processus d'injonction probatoire de soin peuvent-ils intégrer la violence conflictuelle imposée par le social et l'institution associée confusément dans un processus global d'irréversibilité d'une peine et d'un destin psychosocial. Ostracisme, stigmatisation, dénuement ne sont jamais loin, objectivement, subjectivement.

À la rigueur, des procédures répondent logiquement l'impression d'étouffement, une tension ou la violence sourde. La justice devient parfois traumatisme. Son « emprise », à laquelle il faut se soumettre, toujours négocier, se confronter à la nécessité de représenter artificiellement la meilleure image de soi, crée un ressentiment, soumission et hypocrisie. Bien éloignée de l'l'authenticité d'une parole vraie et libératrice permise par la démarche psychothérapique, la « vertu thérapeutique ».

Subjectivation, compromis, puis avant tout contrôle social, ce que l'on pourrait attendre du travail sur la tension psychique liée à la sexualité, à l'affect, à la violence de la pulsion, n'est-il pas d'emblée définitivement compromis par des contradictions majeures ? Le dispositif, ne rend-il pas la parole inaudible ? Le sujet n'est-il pas dépossédé de son destin, impuissant ? Peut-il encore renoncer à la morbidité de sa passion mortifère, archaïque et enfouie (6) ?

3 – Des projets soignants : ébauche et inaboutissement ?

Insister sur la réalité et la permanence du soin, de la thérapie, du soulagement d'une souffrance et d'une menace sexuelle nous situe dans des projets, mais aussi une certaine forme d'utopie. La réalité d'un espace clinique à même de développer une parole qui, de près ou de loin, serait celle d'une sexualité impossible et violente, semblera être l'attente d'un aléatoire, un introuvable.

À l'espace carcéral succède celui d'une improbable ouverture où l'on reconnaîtra l'errance d'un sujet souvent en recherche vaine d'écoute et de légitimité. Dans le concret de la vie et des espaces où la vie sociale se confond avec le renouvellement de la condamnation à une errance infinie, un parcours judiciaire apparaît censément réparateur. Isolement, exclusion, solitude, vide, l'incapacité radicale à se projeter dans un avenir compromis, mais où il faut reconnaître des faits et se montrer vertueux, compassionnel, tout en assumant la haine sociale. Un univers de contrainte et de menace se constitue, qui prendra une forme démesurée, proche d'un délire.

« Vous savez quoi, les juges m'ont enfermé, dans la prison et puis aussi dans ma tête, c'est terrible, je ne m'en échapperai jamais plus. Je suis enfermé, coupé du monde. Bien sûr que j'ai la haine. Après vous aussi, qu'est-ce que vous croyez ? J'ai juste besoin de calme, d'un peu de paix, dans ma tête, si c'est encore possible ? Je n'ai plus besoin de personne, pas besoin des psys, non plus. C'est comme ça, et c'est clair, c'est pas autrement ».

Jean évolue dans un lieu devenu tout à fait improbable. Un imaginaire se déploie, qui lui fait craindre le regard social et plus généralement le réel du monde extérieur devenu significativement hostile, auquel il doit inéluctablement rendre des comptes.

Le jugement, pénal, postpénal, social, crée la découverte ininterrompue et sans concession d'une mise à l'épreuve. La menace diffuse est permanente, inconsciemment intériorisée. Elle paraîtrait s'imposer à une introuvable vie sexuelle, occultée, masquée, mais cependant toujours bien présente. Une phénoménologie de l'intime et de la sexualité apparaît discrètement. Elle renvoie toujours à l'insoluble de la « question centrale ». Un patient nous dit : « Comment penser pouvoir encore vivre, un jour ou l'autre ? Ma vie est suspendue à des juges, à l'administration, qui ne sont pourtant pas toujours exemplaires. Comment conserver l'espoir de retrouver un jour l'amour, le plaisir, quelque chose d'aussi fugitif que des instants de bonheur à vivre ? (7) Qu'est-ce que vous voulez que je vous dise, quels projets ? Je n'en sais absolument rien. Je suis dans le vide, je ne suis nulle part. J'ai peur et en même temps, je suis colère, immensément colère. Je voudrais vivre, revivre, retrouver mon corps, le cul, le sexe, peut-être, oui peut-être. J'ai été massacré par des tas de gens, des tas de chose, les juges ont tout fait pour ça, la victime, les victimes aussi, il faut bien le dire. Des fois je pense à ma mère, est-ce que c'est de sa faute, toute cette vie de merde, tout ce qui m'est arrivé ? »

Un travail psychique particulier se met en place. Il est déterminé par une nouvelle forme de relation au monde et intègre l'idée générale d'une contrainte et d'un empêchement structurel et conflictuel.

La parole y est systématiquement obérée par la notion de crédibilité. Les capacités relationnelles et sociales sont définitivement compromises, faites de renoncement, hostilité et agressivité. Un enfermement social et psychique majeur anéantit les projets éventuels. Ne plus pouvoir échapper à une forme de proscription sociale et judiciaire et à la condamnation de la vie sexuelle, de sa personnalité, de ses affects. L'intimité, l'inconscient, la sexualité sont toujours là, mais enfouis, diffus. Le thérapeute ne serait-il pas mis en situation de faire croire à la nécessité d'y renoncer, par effet de leurre, bien entendu ?

La présence du passage à l'acte apparaît occultée. Le rejet des institutions et de qui pourrait l'écouter est sans appel. Leur fonction est exclusivement perçue comme un travail de représentation de condamnation et de démolition, le dogme de la reconstruction autorisée par la victime, aspect fragmentaire, moralisateur, contribue à la perception réductrice et aliénante du sujet soigné.

Penser le « suivi psychologique » nous engage dans une réflexion portant sur l'empirisme des rencontres thérapeute, patient. L'absence de rigueur, les changements institutionnels de toute nature, la multiplicité des intervenants, la diversité et les contrastes méthodologiques, les oppositions théoriques systématiquement refoulées, entre les uns et les autres, sont des faits incontestables. On retiendra donc l'idée de répétition, confusion et usure.

Affrontant cette diversité, les sujets, toujours en situation d'injonction à parler, d'aveu, évoluent dans la répétition de discours devenus artificiels. Le sens et l'intérêt des discours se vide, s'épuise. Le contexte institutionnel appelle la facticité d'échanges ou le patient et le professionnel jouent souvent, l'un et l'autre, le rôle d'acteurs entretenant l'illusion d'un travail spécialisé (8).

Les patients, peu dupes de la non-satisfaction de leur attente, de leurs besoins fondamentaux, relationnels, affectifs, identitaires, du sens profond de ces prises en charge, dénoncent, s'ils le peuvent, ce qu'ils qualifient parfois de mascarade. Ils interpellent les praticiens à propos d'une supposée, mais improbable aide psychologique. Le délit sexuel, acte violent et socialement inadapté n'est qu'insuffisamment défini, travaillé. Au gré des lieux, de l'empirisme, des conditions d'écoute, des options soutenues par des praticiens. On a déjà beaucoup insisté ici sur l'extrême complexité de la demande soutenue par des patients, de ce que serait, pour lui, une alternative satisfaisante au délit sexuel. Sa polyvocité, l'intrication d'aspects psychiques, sociaux, politiques, la quasi-impossibilité d'y intégrer la vie sexuelle, le recours à un travail sur la sexualité et la limite, mènent souvent à l'impasse, à l'échec. Même s'il convient de ne pas méconnaitre d'indéniables réussites. Le travail, n'est-il pas aussi travail sur le malaise du sujet, un modèle composite, transversal, qu'on ne saurait référer à la pathologie ou au crime ? Le tourment affectif, l'exclusion, l'expulsion, sociale transforment significativement des prises en charge caractérisées par le conflit, le vide, la rupture, la tension, entretenues par la présence permanente d'une violence intime et d'une opposition au réel social. Peu d'épanouissement, donc, la tentation de la récidive, avec ou sans psychologue est encore latente.

L'intervention aux multiples implications, déstructurante, désubjectivante, met à mal l'ambitieux projet de reconstruction des patients agresseurs, l'enjeu du contrôle de soi, est soumis à des impératifs contradictoires et paradoxaux, de renoncements plutôt que d'acquis, de gain plutôt que de privation, satisfaction de besoin et non d'abstinence.

« Je vous le dis, ce que je voulais faire de ma vie, c'est tout le contraire de ce que je suis ici. C'est rien, un échec total, j'erre, je ne sais plus rien. Je n'ai plus d'idées, plus de goût à rien, personne ne m'aide, je suis à la rue, je suis sorti de prison et je ne sais rien de ce qu'il faut faire pour continuer à vivre. Je suis dehors, partout, seul et nulle part. Je fais pourtant des efforts pour me comporter parce que, vous le savez bien, j'ai été puni, lourdement pour des agressions sexuelles. J'ai été pendant longtemps un prisonnier, je le suis toujours. Mais ceux qui m'ont jugé sont toujours là pour suivre tout ce que je fais, je rends des comptes, ça sera pour le reste de ma vie, je pense. C'est quand même terrible de penser cela. J'ai cru avoir quelques relations, quelques amis, des connaissances féminines, mais je me suis fait des illusions, ils n'ont rien fait pour moi, ils m'ont tout de suite laissé tomber. Au foyer, je ne peux plus compter sur quelqu'un, c'est long, je m'ennuie beaucoup et, surtout, je broie du noir. Plus personne ne s'intéresse à moi. Je cherche quand même à m'occuper. Il faut bien. Je veux être un peu plus libre, si c'est possible. Mais c'est vrai que tout le temps, tous les jours, à chaque instant, je suis jugé. Est-ce que je rencontrerai encore des amis, est-ce que je trouverai encore l'amour, quelqu'un qui m'aime, pour ce que je suis ? J'en doute ».

La question de l'inclusion psychosociale, de la reconnaissance et de l'appartenance à la collectivité, de besoins, fondamentaux, dont sexuels, oblige à une systématisation plus rigoureuse de la relation clinique au sexuel, identification et stratégie en rapport à ce dernier. La pondération d'une atteinte narcissique majeure est au centre des stratégies.

L'approche, individualisée et non standardisée, l'inscription dans une position sociale discriminante et humiliante, le respect de la singularité, doivent dépasser la seule motivation ré-adaptatrice et donc, intégrer l'essentiel, compliance et résistance de l'agresseur. Ce qui nous conduit à insister sur l'aspect fondamental de l'implication, consciente et inconsciente, du soignant. L'aptitude à mettre en œuvre des mécanismes psychiques défensifs structurants et pacifiants, acceptables, est, en effet, loin d'être acquise (9).

Ce qu'il faudrait envisager de la reconstruction identitaire attendue devrait permettre de reconnaître la pesanteur déterminée par une impression confuse, délétère, un changement d'ordre symbolique, une perte. Un projet auquel l'agresseur devrait adhérer, qui devrait ne plus apparaître comme intervention autoritaire.

La détention, ses suites, la probation, supposent une transformation profonde, la nécessité de reconnaître et assumer la résolution de multiples problèmes et conflits liés à la survie psychique et sociale menacée par l'exercice d'une violence sociale, culturelle et judiciaire, considérée comme légitime.

« Pour moi, maintenant, la vie c'est aussi la mort sociale, recommencer chaque matin. C'est comme si j'étais lourdement handicapé. C'est terrible, je survis, mais je ne progresse pas, ce n'est pas possible. Les programmes de soin ne servent pas à grand-chose, je dirai même que c'est nul ». Ce sujet nous montre, lui aussi, qu'il y a continuité entre le temps de la détention et le temps de la probation. Les deux ne participent-ils pas de la même logique ?

Symbolique et imaginaire d'un enfermement et d'un repli sont, in fine, imposés au sujet sexuellement déviant. L'organisation des temps de vie est comme figée, répétitive et mécanique.

Décrivant l'ensemble de ses activités ce sujet insiste sur le bouleversement des rythmes de vie, le vide, la disparition des projets et de l'avenir. Il se dit vivre maintenant comme un « handicapé. » Tous mes projets, tous mes programmes, c'est foutu, ça ne sert à rien, je n'y arrive pas. Je suis très malheureux ».

Le quotidien de ces sujets rencontrés dans le cadre du milieu ouvert, de la probation, nous décrivent une difficulté à penser, à organiser leurs activités, leur vie. Il s'agirait d'un vécu atypique, dépressif, ennuyeux, morbide. Mais aussi imprégné d'une insurmontable difficulté à surmonter une infinie mise à l'épreuve caractérisée par l'uniformité et la répétition.

On ne saurait évoquer des figures délirantes et il reste difficile de situer avec précision le rôle des éléments répressifs extrinsèques liés à l'institutionnalisation de la peine et donc du suivi. Ce qui revient à dire que l'application de la sanction constitue un acte autoritaire aux conséquences induisant nécessairement une souffrance. Le sujet soigné doit obligatoirement admettre une commande supposant la pleine et entière réalisation de sa capacité à faire le bon choix, soit d'affirmer sa nature « pro sociale » empêchée. La plus ou moins grande fragilité identitaire et psycho-pathologique. La souffrance sexuelle de l'agresseur est associée à la perversion de la capacité de jugement, altérée, amoindrie (10).

« De temps en temps, j'ai l'occasion de voir quelques copains, on discute, on se dit que c'est con. Ils sont aussi passés par la prison. On peut parler pour moi de se calmer, c'est vrai que j'ai du mal. Et puis je me sens mal, je ne me sens pas bien. La prison, à vie, le cul, c'est trop compliqué de penser à ce que c'était avant, et puis maintenant. Ma vie, ça fait du mal, c'est chiant, c'est tout. Je ne trouve rien pour en sortir, pour s'en sortir. Mes journées, c'est toujours à peu près pareil, ça recommence tous les matins. C'est la fatigue, tristesse et ennui à tous les coups. Après je pense, j'imagine autre chose, ce qui serait comme un avenir, ça ne tient pas la route, j'essaie de lire le journal, chez moi, la radio, entre quatre murs, avec trop peu d'espace pour bouger, sans boulot, très peu d'argent, seul, peu d'amis, rien de bon, et puis pas de famille, de compagne, rien, je vous dis. Je veux me reconstruire, et alors ? ».

La dévalorisation sociale et psychique, narcissique, semble cliniquement apparaître. Le contexte environnemental et social d'un temps infiniment long et immaîtrisable contribue à la perte du libre arbitre, à une véritable dégradation, pourrait-on dire, ontologique de la vie sexuelle devenue essentiellement conflictuelle. Un symptôme fait de honte, humiliation, stigmatisation, échappe d'une certaine façon, à l'idéal professionnel du thérapeute. Impuissance, domination, perversion et perversité, aussi déni, culpabilisation, épuisement, sont toujours à situer dans le contexte défensif d'une lutte et d'une résistance inlassable.

Contrôle social, suicide social, les conséquences d'une condamnation sans appel occultent la personnalisation d'une demande de traitement.

La question éthique revient. Elle sous-tend celle de l'écoute clinique d'une sensibilité exacerbée, du travail sur l'improbable, la possibilité d'amener et d'entendre une parole témoignant de la réalité clivée d'une sexualité inaboutie, agie, perverse, enfouie et clivée. La question essentielle du passé, du présent, du futur ; celle aussi de la dualité du conflit conscient, inconscient, scande toute ambition et projet soutenu par le clinicien exigeant.

Présent face à un sujet condamné, vulnérable, mais aussi malgré tout menaçant et en rupture, il doit créer, initier, pacifier. Sujet généralement revendicatif, d'une revendication fondée et/ou pathologique, mais aussi aux facultés de jugement aiguisées, l'agresseur sexuel n'est certes pas, plus, tout à fait un sujet comme un autre. Ce qui est de l'ordre de « l'intimité émotionnelle » n'est que difficilement audible. Sur la scène sociale, judiciaire, en tout cas. À charge pour le clinicien de s'en accommoder. À charge pour lui de restituer, autant que possible, une dynamique qui ne soit plus exactement masquée par l'entreprise, l'emprise, judiciaire et sociale (11).

4 – Le procès, acte symbolique de mise en abyme

Les témoignages rapportés par les sujets à propos du temps du procès expriment généralement l'impression traumatique. Un temps de tension, de rupture, de mise à l'épreuve, est imposé, ressenti comme un « étouffement. » Le jugement et la condamnation judiciaire, intrinsèquement liés, participent d'une précipitation dans un destin, un avenir compromis. Une dynamique particulière se met en place, dont l'organisation répond à des mécanismes symboliques tout à fait caractéristiques.

« L'important, c'était que tout faisait de moi l'accusé. Je n'avais aucune chance d'échapper à la sentence. Tout ce qui se disait, l'acte d'accusation, ramenait à me juger. Angoisse, solitude extrême, silence et mal-être ».

« Seul, déshumanisé, nu. Il m'a fallu parler de ce que j'ai fait, de ma vie sexuelle, de mes relations intimes, plus aucune pudeur, pas de respect. La vengeance des juges, de la victime, des autres. Je suis le violeur, le monstre. Tout est dit, pas grand-chose d'autre. Les explications, les causes profondes, l'avocat. Tout ça ? C'est de la poudre aux yeux. C'est irréversible, je suis broyé, je suis condamné, ma vie est condamnée. Je suis seul, face aux juges et à la société. Tout a basculé. Pas d'humanité, pas de sympathie ou de compassion. Non, la rigueur, la brutalité, rien d'autre. J'ai ressent la violence du tribunal, très fort. Extrêmement. Je n'étais plus rien. J'étais sûr de perdre. Au fond, le procès, ça n'avait rien à voir avec ce que pense, ce que j'éprouve, plaisir, douleur, envie et honte aussi.

Mais comment le dire au procès, tous ces regards braqués sur moi, hostiles, ne voulaient qu'une chose, la haine, la vengeance, morfler, quoi. Et en prendre plein la gueule, le gnouf, la honte, la mise au rancart pour de bon. Au fond de moi, un lynchage ? »

Le discours est désabusé, critique, témoigne d'incompréhensions réciproques. Le jugement des juges et du social, la vengeance des victimes sera sans appel, redoutable, sans concession, irréversible. L'idée de réparation, de contrat « thérapeutique » et symbolique n'est pas acceptée par le condamné.

« Quand même, quelque part, ils ne m'écoutaient pas vraiment. Je dirais qu'ils me prenaient pour un con, plus con que je ne suis, sans aucun doute. Ils n'en avaient rien à foutre. Tous dans le système, mépris, connivence, pouvoir et partage. Pas grand-chose d'autre que l'humiliation. Et on ne parlait jamais de sexe, ça aussi c'était incroyable, ça gênait, me semble-t-il, incroyable. Une vaste duperie, une mise en scène, écœuré. Tout ça pour ça ? Me taire, qu'est-ce que je pouvais dire ? J'avais en face de moi des gens qui faisaient mon procès et manifestement ne m'aimaient pas, voulaient ma perte, voulaient me condamner, rien d'autre à dire. Le peuple et les juges, ensemble, c'était joué d'avance, j'étais foutu ».

Propos d'une extrême virulence, agressivité, le discours est revendicatif. Il contredit toute notion de réhabilitation anticipée ou conditionnelle. Il témoigne d'une situation où il semblerait tout à fait impossible de parler de soi, de la souffrance, surtout toute la réalité psychique après coup manifestée au moment de l'agression. Le sujet ne s'engage pas, récuse la lourdeur du dispositif et le climat de menace y régnant.

« Bien sûr que c'était douloureux, insoutenable, parfois. Je n'ai jamais voulu ni pu parler de ma vie affective, de ma sexualité. Il y avait beaucoup trop de tension, beaucoup trop de tension Après tout pourquoi livrer tout en pâture à des gens que je ne connais pas et en qui je n'avais pas confiance. Les experts, les juges, une épreuve sans nom. Un traumatisme sans nom. Une cruauté aussi que personne ne reconnaît. Aucun soutien, aucune aide ou sympathie de qui que ce soit, alors ».

La lourdeur du fonctionnement, la symbolique de la mise en scène contribuent sans nul doute à la dramatisation, à la stigmatisation, du sujet jugé et condamné. Mise à l'épreuve, mais aussi humiliation, effets de pouvoir et de posture, nous retenons l'idée de l'irréversible du procès social d'une vie sexuelle condamnée, mais aussi occultée et absente.

« Comme une comédie, une seule chose dont je me souviens, la souffrance et la honte. Rien d'autre, c'est de ça dont je me souviens, c'est tout. Comme une curiosité malsaine, comme si j'étais un animal, un monstre. Un spectacle ».

Nous en restons à la description d'un procès aux objectifs de condamnation et d'humiliation d'un sujet démuni et appauvri, dans un climat de menace, la mise en abyme symbolique d'un « monstre ».

À l'oubli de l'essentiel, l'objectif serein et rigoureux de faire justice et de respecter le droit du condamné, et celui des possibles bénéfices que ce dernier pourrait en tirer. « Tout ce que j'ai vécu, c'était l'horreur, la douleur psychologique et physique. Les experts psys n'ont fait que me charger un max. Je ne me suis pas du tout retrouvé dans ce qu'ils disaient de moi, pas du tout. Ce que je tentais de dire, essayais d'expliquer, tombait à plat. On n'écoutait pas, on ne voulait pas, on ne voulait surtout pas comprendre. Rien, rien du tout. On me faisait taire, on m'accusait, on me contredisait, on déformait et toujours un menteur. Quelqu'un de mauvais, faux, immoral, le mal, j'incarnais le mal et il fallait punir, absolument, sans concession. Incapable de me défendre, laminé, cassé, broyé, par tous les juges et surtout le président du tribunal, voué à ma perte. L'arrogance, le mépris, l'horreur, je répète. Parler, c'était une épreuve terrible, insurmontable. J'essayais, mais je m'effondrais tout de suite, immédiatement bloqué, comme une douleur, avec tous ces regards féroces qui me dévisageaient au plus profond de moi, de mon intimité. Tout ça pour ce qui devait arriver, sans aucune indulgence, douze ans d'enfermement. Clairement ma vie foutue, un travail de démolition savamment mené où je ne remercie pas les psys qui y ont contribué ».

La logique dominante est bien celle d'une répression, d'une punition, mais aussi de pression, fréquemment trop forte.

Ultérieurement, seulement, de réinsertion, de soin psychologique. L'importance du dispositif, d'autorité, de pouvoir, est manifeste, sans appel. La place et le rôle des expertises y est remarquable. Souvent loin d'apporter l'argumentation scientifique et clinique escomptée, elles définissent un hybride médico-pénal complexe techniquement conforme à la nécessité sociale et fonctionnelle selon laquelle l'institution judiciaire juge le mal, mais aussi la spécificité de la présence d'une sexualité effractive et menaçante, toujours impossible à évaluer en fonction d'une terminologie psychiatrique et psychopathologique non freudienne (12).

Le procès marque donc remarquablement l'association médecine-justice et l'ambigüité extrême du recueil des récits des sujets toujours soumis à une interprétation hostile et pénalisante.

Question de discours, qu'il convient de distinguer de la parole d'un sujet, le procès manifeste l'évidence des pouvoirs ultimes et appropriés de l'état de droit. Question aussi de récit, de parole, les sujets sont donc parlés, dépossédés, désubjectivés.

ls sont pris puis écrasés dans un rapport de force où l'écoute psy, la technicité clinique, restent un adjuvant, rien de plus, d'un processus social punitif et sophistiqué. S'intéresser à l'investigation psy, expertise, soin, nous confronte ainsi à la mise en œuvre d'une violence requise par la recherche de la vérité et de l'aveu, les deux n'étant pas, en matière de sexualité, similaires (13). « Quand je parle de mon procès, de la justice en général, de ma condamnation pour des actes sexuels prohibés, je pense avoir appris beaucoup de choses. J'ai eu l'impression d'un dénuement extrême, d'une vulnérabilité extrême. Et les psys se trouvaient bien là, là où ça faisait très mal. Bien sûr, ils m'ont un tout petit peu aidé. Mais pas assez ».

« Au procès, j'ai eu l'impression que ça se retournait contre moi, seul face au monde, ma misère, ma honte, ma sexualité. Je n'étais plus qu'un cadavre, figé, je ne cherchais plus du tout à me défendre, plus du tout. Je n'étais plus rien, je n'avais plus rien, pas de famille, personne. Tout ça à cause de moments de perte de contrôle, de frénésie sexuelle, de perdre la tête, de pas avoir pu me contrôler. Il a fallu avouer, payer, au prix fort. Je sais à peu près les fautes, le mal que j'ai commis. Mais dans un tel milieu, la situation du procès, c'était devenu tellement dur, tellement intenable pour moi, que je ne pouvais plus du tout éprouver de contrition, du remords de l'empathie ou de la sympathie pour les victimes. C'était ma peau, une question de vie et de mort et rien d'autre. Le procès c'était aussi la mort, l'annulation, je n'étais rien, non rien. Je ne cherche pas d'excuse, je ne défends rien du tout. Je fais avec, au jour le jour. Tous les jours, tous les matins le désespoir de lutter, un combat perdu, jour après jour ». Davantage qu'une procédure, qu'on qualifierait de justice réparatrice et pédagogique, l'impression ressentie par ce sujet, parlant du traumatisme de l'histoire et de la mise en scène de son procès, est celle d'un profond sentiment de déni et d'humiliation. Le témoignage met en évidence l'artificialité de la parole, sa réification, l'impossibilité de la respecter et de l'écouter sans qu'elle ne soit transformée par sa signification pénale.

Nous rencontrons un sujet transformé par la nécessité judiciaire, et qui ne reconnaît plus rien, ni lui-même, ni un impitoyable environnement, massivement culpabilisant, sans pitié. Comment reconnaître et retrouver une notion de responsabilité, là où sévit justement une non-reconnaissance ? Contrainte, mais aussi risque non négligeable de déni, arbitraire, le dispositif du procès, le traitement infligé, transforment structurellement le récit et l'histoire des actes criminels connus, mais non assumés.

Confronté au retour d'une violence judiciaire, légitime, l'agresseur développe des stratégies défensives massives, opposé des mécanismes rationnels où dominent des impressions dépressives et persécutrices. La personnalité est remaniée, le projet soignant est fortement compromis. Les notions de condamnation, de reconnaissance d'actes violents et criminels, de culpabilité assumée perdent de leur sens, se relativisent (14).

« Je ne suis pas d'accord avec tout ce qui a été dit sur moi pendant le procès. Je n'ai plus vraiment écouté, j'étais loin, mais je savais que j'étais tricard, que j'allais morfler. Les psychiatres et les juges, d'accord, ensemble, ont bien mené leur affaire, tout a été organisé pour ma punition, pour l'exemple ».

Le statut judiciaire est irréversible, il sépare radicalement la vie de l'agresseur en une vie délinquante et une autre, disparue, perdue, un effet de bascule et dessaisissement. L'acte sexuel violent, l'agressivité le prix à payer, sont au centre d'un idéal professionnel bien difficile à assumer, que le procès sollicite, néanmoins (15).

5 – Quelle sexualité, encore ?

Envisager le destin et la vie sexuelle du sujet condamné et soigné nous confronte à l'évolution du travail effectué par les spécialistes psy. Donc, à la possibilité de l'écoute et de la prise en compte de cette dimension fondamentale, souvent, paradoxalement discrète, sinon absente, déniée, qu'est le réel d'une probable et très profonde remise en cause de la vie sexuelle. Ce que les sujets n'abordent que malaisément. Le plus souvent leur vie sexuelle, passée, présente, future, qu'avec réserve, discrétion. Elle est même fréquemment délibérément occultée.

L'écoute clinique approfondie témoignerait ainsi des conséquences des jugements, injonctions et directives imposées, de la dégradation « ontologique » d'un « libre arbitre » sexuel.

L'orientation et la signification des rationalisations et dissuasions imposées aux tendances perverses ne contribuent pas à leur disparition. Et s'intègrent, au contraire, à une expression de défiance. Les résultats attendus des démarches psychothérapiques resteront souvent limités, voire inexistants. Eu égard au sentiment conflictuel induit par l'épreuve d'une sexualité contrariée. Il s'agit d'abord de s'adapter au protocole, éventuellement de parler de soi, plus rarement encore d'évoquer son intimité sexuelle.

Au cadre proposé et surtout imposé correspondent des pratiques prescriptrices conformes à l'attente sociale et judiciaire de conduites autocentrées et apparemment pacifiées (16).

Régulation des comportements et conduites sexuelles, formatage autoritaire de la vie sexuelle, la pratique essentiellement directive, s'inscrit plus ou moins explicitement selon une ligne morale et fait appel à la capacité de jugement du patient, le respect des valeurs sociales, la modération, un renoncement logique à des conduites sexuelles violentes et transgressives sont l'enjeu de la mise en place d'un contrat engageant rien moins que la réalité clivée et occultée d'une sexualité peut être bien encore potentiellement dangereuse. Quel travail approfondi sur les mécanismes psychiques impliqués par la violence d'un désespoir sexuel et narcissique, la réalité pulsionnelle clivée, altérée, d'une exigence socialement impossible ?

Évoquer la réalité enfouie des passages à l'acte effractifs, mais aussi l'associer au processus punitif et a l'impératif de santé publique ne serait-il pas, tant soit peu, activement méconnaitre ou leurrer un sujet parfois peu disposé à sacrifier ses tendances violentes au bien-être social et à la pacification de la victime. Les sujets n'abordent, significativement, guère l'histoire de leur vie sexuelle.

Refoulée, méconnue, rarement parlée. Tout comme l'actualité, le présent et le devenir de ce que sera d'un destin sexuel, violent, pacifié, ou arrêté.

Parler de sa sexualité est donc devenu essentiellement complexe et improbable. « Mes amours adolescents, c'était bien. C'était passionnant, secret, violent aussi, de temps en temps ». « Ce que j'ai vécu, il y a eu des choses, beaucoup, mais je ne sais pas en parler, il y a trop de choses, je vous répète ; ma vie, c'est mon histoire. Ce que j'ai fait de ma vie, ce que j'ai vécu, ce que j'ai souffert, mes déceptions, mes amours ; toute ma vie, ma sexualité, je ne sais pas en parler, je ne peux pas, je n'y arrive pas, je ne peux pas, je ne peux plus. J'ai rencontré des gens que j'aime, j'ai connu du bonheur, pas souvent. Mais c'était avant. Maintenant c'est passé, c'est foutu, je me dis dans ma tête. Tout s'est arrêté, dans ma tête, quand j'ai été condamné. Un moment effroyable, terrible. Un bouleversement, je n'ai plus jamais vu les choses comme avant. C'est clair. Où j'en suis maintenant ? L'immense solitude, d'abord. Je ne sais plus si je saurai encore aimer, c'est comme ça, c'est dans moi. Aimer, faire l'amour, c'est autre chose. C'est peut-être perdu à tout jamais, je ne connais personne. Que faut-il faire ? Plus d'amour, quel plaisir, quelle relation sexuelle, quels rapports, je n'en sais rien, j'ai mal dans ma tête, j'ai peur quand j'y pense encore. La peine, c'est bien le cas de le dire. La peine, lancinante, le châtiment. Ne plus jamais regarder les femmes comme avant. En avoir encore très peur, comme quand j'étais gosse, parfois, des souvenirs anciens, les filles, les femmes, ma mère. Et on dit que j'ai fait des victimes. » (Un sujet de quarante-deux ans, vu après sa mise en liberté et condamné pour des faits de viols).

Une réalité intrapsychique de soumission aux exigences de sanction pénale évolue moins vers la culpabilité et le désir de réinsertion qu'un tableau mélancolique entretenant un sentiment déprimé de renoncement, obligé et sans issue. L'avenir social, affectif, sexuel, se présente sous une forme d'envahissement morbide auquel les références thérapeutiques ne sembleraient pas apporter la moindre réponse, le moindre encouragement. Présente, la question sexuelle s'avère insinuante, conflictuelle, anxiogène. Elle est bien présente et, en même temps, dissimulée.

L'avenir de ce sujet apparaît compromis, éventuellement porteur de menaces. Le travail psychique de distanciation et mise à distance devient des plus aléatoires (18). « Je comprends, mais un peu seulement, tout ce qu'on m'a fait, pourquoi on me condamne. Je suis peut-être d'accord, mais tout ce qu'ils veulent, je le fais. Ça ne change pourtant absolument rien à ma plus grande misère. C'est le bazar, jour après jour. C'est douloureux et les professionnels qui voudraient m'aider ne m'apportent absolument rien puisqu'ils sont dans le système. Au fond, c'est qu'ils n'y comprennent rien. Même s'ils ne s'en foutent pas. On applique la peine, le droit, le reste ? »

Critique et désabusement, le décalage entre le discours, les pratiques institutionnelles et l'expression clinique de l'individualité, de l'intime, de l'histoire de graves problèmes de vie sont perçus en tant que contribution punitive à une renonciation affective et sexuelle.

Un autre sujet exprime, en des termes voisins, l'éprouvé du regard social, de la condamnation, d'une sexualité « impossible ». « Ils veulent me soigner, mais c'est surtout du bluff. Ce dont je me souviens, ils ne peuvent pas comprendre, ne comprennent rien, ils passent à côté. C'étaient des moments intenses, des sentiments extrêmement forts, c'était impossible de les contrôler, c'était extrêmement violent. Bien sûr que j'éprouve de temps en temps, souvent, du désir sexuel. Mais que faire, comment retrouver l'amour, le plaisir. Je suis prisonnier, je suis interdit, interdit de vivre, interdit de baiser, c'est vrai, c'est clair, ne pas tourner autour du pot. Quelle hypocrisie. Je suis condamné à cause de ma vie sexuelle. Un point c'est tout. Je n'étais pas libre, j'étais dominé et envahi par les pulsions, enchaîné. Il n'y avait pour moi pas de victime, pas d'agression. Juste la rencontre d'un autre, une autre personne, se précipiter ensemble, de force, dans quelque chose. Bien sûr, c'était forcé, mais je n'y pouvais rien, ce n'était pas de ma faute. Car ils ne le comprendront jamais. Il n'y a rien d'autre que ces expériences. La découverte, ce qu'il y a de plus important dans les relations humaines. Pourtant, personne ne le dira jamais. On me juge, on me punit, pour mes mœurs, c'est toute l'hypocrisie du truc ».

Comme beaucoup d'autres, ce sujet évoque l'incompréhension de la lourdeur d'une peine visant à définitivement compromettre toute une vie. « Ce que je sais, c'est que ce que j'ai fait est grave. Mais aussi que la peine est infinie, excessive, démesurée, inhumaine. Je suis condamné à disparaitre et c'est trop ».

Discrète, mais toujours présente, la question sexuelle s'exprime cependant en tant qu'ultime, que résistance, que survie. « J'ai encore des envies, du désir, je m'intéresse encore aux jeunes femmes, aux jeunes filles pré-matures. La société m'a condamné, mais n'a pas pu m'enlever ça, l'envie. Je ne sais pas comment ça évoluera, non je ne sais pas. » (Un sujet condamné pour des faits de pédophilie).

La notion de souffrance sexuelle est absente, disparaît de l'évaluation de la dangerosité, la capacité à la maîtriser, la nécessité du suivi médico-psychologique, l'importance centrale du projet abouti de resocialisation. D'une supposée efficacité. Évaluer une personnalité, son potentiel de capacité réadaptatrice et normative, adapter son comportement sexuel à une vie sociale satisfaisante ! L'expertise retient essentiellement l'importance de critères médicaux et comportementaux plutôt éloignés de ce que serait une parole du rapport au monde, du désir, du conflit, de la violence de l'affect (19).

Les impératifs techniques d'évaluation n'intègrent pas la spécificité de la problématique du désir et du plaisir sexuel, ni à contrario du conflit et de la souffrance liées à l'insatisfaction et à la perte d'objet inaccessible. Ce qu'il peut en être d'une psychopathologie sexuelle est essentiellement retranscrit en des termes comportementaux basés sur l'expression brutale d'un agir de la rupture. La question sous-jacente de la libido et de ses incidences sur l'altération narcissique est peu présente. Il s'agit surtout de « s'en sortir » de réhabilitation, neutralisation et disparition de conduites dangereuses et asociales. Soit, en définitive, d'une préoccupation constamment orientée vers le volontarisme d'un sujet auquel on impose la nécessité de se responsabiliser.

L'objectif de la « reconquête de soi », objectif lié à l'assimilation de la peine, nous montre la nécessité de la réflexion appropriée à une insuffisante prise en considération de la réalité conflictuelle de la sexualité psychique. Aux prises, chez un agresseur, à des tendances haineuses et mortifères (20). « J'essaie de comprendre ce qu'il y'a de malsain en moi, mais je n'y arrive pas, je n'y arriverai jamais.je suis immensément seul, perdu, infini, je ne connais plus personne, j'ai la haine » (un agresseur sexuel de cinquante-deux ans, condamné pour des faits de viol).

Les effets d'assignation jouent un rôle considérable. Il convient de les reconnaître, de les analyser, de montrer comment ils interférent avec la dimension identitaire, psychopathologique, l'organisation des mécanismes défensifs et de survie psychique.

Le coût psychique est élevé, il contribue à l'épuisement, à une recherche souvent stérile et inaboutie de satisfaction, pacification et acceptation de la culpabilité résultant de l'intégration symbolique de la loi. Toujours aux prises avec des conflits narcissiques et sexuels particulièrement intenses, l'agresseur n'échappe plus à la confrontation au regard social. Le recours à l'acte reste l'éventualité autodestructrice d'un recours ultime.

Retrouver une vie sociale, rechercher la possibilité d'une vie amoureuse et sexuelle, accéder à des relations sociales abouties et sereines, organiser des projets d'avenir, social et affectif, la possibilité d'une vie sexuelle aboutie, des enjeux sont clairs, mais aussi démesurés, utopiques, probablement. Qu'en sera-t-il des prises en charge, censées permettre au sujet de se réorienter en fonction de tels objectifs (21) ?

« Est-ce que vous pensez que je pourrai vivre un jour une relation de couple où je pourrai enfin commencer pour refaire ma vie ? Je n'en prends pas le chemin, c'est clair, ce n'est carrément pas possible, je ne sais pas où j'en suis, c'est ça l'important et il n'y a pas de solution. J'ai été condamné, emprisonné, tout est foutu, à partir de là. J'ai pas le choix, je ne peux que me battre contre tout, c'est l'adversaire et je suis sûr de perdre. Qu'est-ce que vous voulez que je fasse ? » (Le même sujet.)

Soumis au travail de la peine, mais aussi à l'infiniment long du temps judiciaire de la probation, le sujet agresseur sexuel tente, sans grande réussite, de réinventer un réseau relationnel et affectif, pour l'essentiel, perdu. La vie devient une mise à l'épreuve, d'une improbable « gestion ? » La vie sexuelle, en particulier.

« Je n'aurais jamais pensé que cela serait aussi dur. Toute ma vie a été détruite, un désastre. Ma famille a pratiquement disparue. Je me bats pour reprendre contact, mais ça n'est pas gagné. Je ne suis presque plus, plus rien, tout s'est arrêté, la prison et tout ce qui allait suivre, c'est-à-dire maintenant. La liberté, libre de quoi ? Libre de vivre en errance, l'angoisse du petit matin, au jour le jour, au quotidien. »

L'incertitude identitaire peut ici se concevoir en tant que symptôme complexe, psychosocial, psychopathologique, psychosexuel, la résultante d'une mise en échec, une impossibilité à penser et assumer l'inextricable, l'inconscient et le sexuel. Nous basculons dans l'obligation de subir l'indéfinition d'une peine sanctionnant la radicalité de l'atteinte aux mœurs, la déréliction du sexuel.

Toujours en recherche de ce qui peut s'exprimer, s'écouter et parler au cœur de la relation soignante, nous retenons toujours, l'idée d'injonction et son infléchissement du côté de la prescription et du conseil. Mais aussi ce qui serait, faute de mieux, comme l'impression d'un halo intuitif évocateur de raté et de misère, perverse, sexuelle et violente.

« C'est bien, une relation amoureuse, c'est bien ce que je voudrais pouvoir connaître. Comment faire, vous psychologue, qu'est-ce que vous me conseillez pour ça ? Comment vivre ça après avoir traversé tout cette galère, la prison ? Comment avec tous les problèmes. C'est bien compliqué. Trop, je n'y arriverai sans doute jamais. Qu'est-ce qu'il faut faire maintenant pour avoir une vie différente. Je ne veux pas perdre les moments d'intensité extrême que j'ai pu connaître ? » (Un sujet vu au début d'une prise en charge et de soins probatoires).

Ce qui paraît se jouer évoque l'extrême complexité de rencontres cliniques basées sur la possibilité de la réintégration sociale, la pacification des relations sexuées, mais aussi l'impossibilité à renoncer à l'extrême de certains aspects de jouissance perverse. Dans quelle mesure, jusqu'où, nous situons nous toujours dans un registre thérapeutique, ne sommes-nous pas non plus dans le flou, l'impossibilité d'une connaissance précise des éléments constitutifs de l'histoire sexuelle et violente d'un sujet si peu disposé et apte à en parler (22) ?

La question insiste, récurrente. Bien éloignée de contenus psychiques caractérisés par la violence, la déliaison, désespoir, haine, fantasmes sexuels violents. Violence sexuelle et déni d'affect, effacement de l'autre, parole de sexualité effractive et crue, du désir perverti, exprimer sans retenue le contenu pulsionnel inconscient, l'essentiel de la clinique n'apparaît, concrètement, que rarement, parfois.

« Ma vie sexuelle est devenue si rare, si pauvre. Et le psy me laisse à penser que c'est une bonne chose, que je serais soi-disant en paix avec moi-même. C'est un peu fort de café, ne plus baiser, en gros. Mais qu'est-ce que ça veut dire ? Et puis je ressentais chez lui comme du voyeurisme, quelque chose de malsain. Il voulait à toute fin savoir si j'allais encore avoir des relations intimes, comment, avec qui, savoir si je bandais encore, et puis m'expliquait que le mieux, la solution, c'était la masturbation. Vous vous rendez compte. Du soin psychologique, ça ? Du foutage de gueule, oui. Toujours aussi mal, toujours mal dans ma peau, un malaise, une douleur, un désespoir profond, mortel, une sexualité, une vie entre parenthèse, perdue, définitivement. Un soi-disant psy, je n'ai surtout plus besoin de lui, surtout pas ».

Verbaliser la crudité de ce qui correspondrait à l'archaïque, désir et fantasmes régressifs mis en jeu au cours de l'extrême du passage à l'acte ? Comment, pour l'expert psy, ou pour le soignant psychothérapeute, intégrer cet inaccessible contenu de l'inconscient à un langage technique exploitable, à même de définir une sanction pénale ? Situer la complexité d'un savoir sur l'intime dans un concept transférentiel tout à fait inapproprié (23) ?

Admettre l'effacement de l'autre, l'improbable culpabilité, le paradigme d'intervention suggère la difficulté relationnelle majeure, la recherche commune avec l'agresseur, l'incompréhension, la déstabilisation du psy. « Le psy, il a tout de suite cherché à me coincer, à me baiser, on peut bien le dire. C'était tout de même malsain. Il me dit que, pour lui, sa sexualité à lui et la mienne, ce n'était pas si différent. L'hypocrisie totale. Il me disait que je faisais ce que je voulais de ma vie sexuelle. Qu'il n'y avait là-dessus « no problem ». Il insistait beaucoup sur la masturbation et le plaisir qu'elle apporte. Pour lui tout était possible, plus de retenue. Il voulait tout savoir et j'ai eu l'impression, tout de suite, que la seule chose qui l'intéressait, c'était bien de me manipuler. Un côté voyeur qui m'insupportait. Un malaise, il était là pour me soigner et il se foutait de ma gueule ».

Rencontré à notre demande, ce sujet avait cessé de se rendre à des entretiens avec le psychiatre et renoncé à d'inutiles soins de probation. Situer désir, pulsion, libido, la démarche pénale peut-elle encore s'accorder à la rencontre d'un sujet incriminé dont on conçoit les bonnes raisons de refuser une sollicitation ambiguë et paradoxale, se retournant, in fine, selon lui, à contrario, de ses attentes profondes et intérêts ? Redondante, confuse, traumatique et narcissique, la question sexuelle ne serait-elle pas, nous le savons, depuis Freud, celle de l'ultime, la réalité du « for intérieur », là où tout s'achoppe ? Savoir, savoir absolu, sur le sexe, la subjectivité, avant de soigner, condamner, gérer, traiter, plutôt que soigner, l'exigence du travail près du sujet sous tension de l'agression sexuelle, confronte à l'injonction, donc au risque de l'instrumentalisation de l'implication clinique.

« Face au psychiatre, je ne savais pas bien pourquoi ? Est-ce que je suis, j'étais malade ? Sain, malade, un salopard ? Qu'est-ce que ma sexualité avait encore à voir là-dedans ? Je n'y comprenais plus rien, on n'en parlait jamais, ou si peu. Très compliqué, tout ça. Jamais on ne s'était autant intéressé à moi, c'était suspect, insupportable même, une curiosité pareille. Jamais ressenti l'intérêt, le but, on voulait soi-disant mon bien, pourtant. Malade ? Des fois c'était même incroyable, tout ce cinéma ».

Soumis à l'injonction, se trouve dans une position impossible. Il lui faut, en effet, dissocier ce qui tient à la réalité clinique de l'affect et l'intériorisation de la censure et de l'interdit liés à celle-ci. La contradiction est majeure, évidente. Il y'a obligation de parler, et de parler de sa violence, et de sa sexualité. C'est parler de soi, amener la dimension conjointe de l'inconscient et de la vie sexuelle, pulsion et libido. Comment sera-t-il encore concevable et possible de parler, d'exprimer des désirs essentiellement destructeurs et pervers ? Comment penser alors que l'on évolue dans un espace où le soin devient autorité et aussi menace ?

Qu'elles soient les proclamations ou suggestions empathiques ? La confrontation, basée sur la rationalisation, le volontarisme, le contrôle de soi, n'échappe pas à la nécessité du cadre contraignant, devenu donc essentiellement ambivalent. Où se pose ainsi la question centrale du niveau d'écoute. La question de l'expression de l'affect, de la parole relative à une sexualité clivée et en rupture. Et aussi celle de l'entretien et du renforcement d'un système de défenses psychiques sollicitées par un contexte d'interlocution marqué par la recherche, plus ou moins, autoritaire de l'aveu.

La dimension projective mise en jeu ne renforcerait-elle pas les effets de déni, d'angoisse et de clivage difficilement supportés et associés à des effets de déréalisation d'un réel social hostile, stigmatisant et humiliant ? Partage affectif, recherche du bien-être de l'autre, peuvent-ils encore intégrer une parole du réel traumatique, narcissique et pervers d'une sexualité agie et violente ?

« Je n'ai plus de sexualité, je n'ai plus de vie sexuelle, c'est tout ce que j'ai à dire. C'est foutu, de ce côté-là. J'ai rencontré des gens, des femmes, des copines, et c'était terrible, c'était extrêmement dur, comment faire l'amour ? J'étais en proie à une chose terrible, je suis devenu impuissant. Toutes les peines, les condamnations subies m'ont enlevé ça, le plaisir, y a plus rien à faire. Ils voulaient que ma sexualité ne soit plus un problème, et c'est tout le contraire » (Un patient de trente-deux ans condamné pour viol et vu à sa demande, après avoir cessé sa prise en charge en milieu psy).

Parlant de son suivi thérapeutique, tel autre patient évoque que « la solution que me proposait le psychiatre était tout simplement de me branler quand l'envie me prenait. Vous vous rendez compte, l'humiliation. Je lui ai dit : Monsieur, respectez-moi, s'il vous plaît, je ne serai jamais un branleur. Comprenez bien ça, Monsieur. Au revoir ».

Le constat d'échec de la prise en charge est, bien sûr, sans appel. Elle est perçue qu'en tant que recherche de l'aveu. Significativement éloignée d'une clinique et d'une psychothérapie de la réalité psychique de la sexualité, perverse et violente, mortifère.

Références

1. De Lancelevé C., Quand la prison prend soin, Thèse EHESS, soutenue le 25/10/2016.
2. Adam C., Délinquants sexuels et pratiques psychosociales, *op. cit.*, Chap. 2, 2011.
3. Ciavaldini A., L'agir violent sexuel, in Chabert C. (sous la direction de), Dunod. Paris, 2009.
4. Martens F., Abus sexuel, d'une maltraitance à l'autre, in « Le délinquant sexuel, enjeux cliniques et sociaux », COCOF, Bruxelles, 2005.
5. Doron C.O., Soigner par la souffrance, *In* « Soin et subjectivité », Les cahiers du centre G. Canguilhem, Vol 4, N° 1, pp. 87-113.
6. Lesage de la Haye J., La guillotine du sexe, L'Atelier. Paris, 1998.
7. Gautron V., Se soigner par la contrainte, une étude du dispositif de l'injonction de soins, GIP Justice, 2017.
8. Saetta S., *op. cit.* Chap. 2.
9. Van Habost J., Comment comprendre et faire face à la violence narcissique ? Congrès AIMPER, Strasbourg, 2006.
10. Van Habost J., *op. cit.*
11. Villerbu L. M., Anthropologie raisonnée de l'approche psycho-pénale des auteurs d'agression sexuelle, *In* « Les abuseurs sexuels, quel(s) traitement(s) ? », pp. 39-54, L 'Harmattan, Paris, 1998.

12. Ciavaldini A., Psychopathologie des agresseurs sexuels, Masson, Paris, 1999.
13. Foucault M., Mal faire, dire vrai, fonction de l'aveu en justice, Louvain, P.U. Louvain, 2012.
14. Bessoles P., (sous la direction de) Le procès, valeur éducative et thérapeutique, *In* « Victimes, agresseur sexuel », tome 2, Champ Social, Nîmes, 2002.
15. Bessoles P., Le déjà là de la mort et du sexuel, Théétète, Saint-Maximin, 1990.
16. Lameyre X., Les violences sexuelles, Milan, Toulouse, 2001.
17. Brenot P., L'Angoisse de la mort sexuelle, in « Études sur la mort », Vol 147, N° 1, pp. 103-108.
18. Bourillon J., Les criminels sexuels, L'Harmattan, Paris, 1999.
19. Laplanche J., Nouveaux fondements pour la psychanalyse, Paris, P.U.F., 1987.
20. Winnicott D. W., Déprivation et délinquance, Payot. Paris, 1994.
21. Velpry L., De l'hospitalisation aux soins sans consentement en psychiatrie, Journal français de psychiatrie, 38, pp. 16-18, 2011.
22. Martens F., Le délinquant sexuel, enjeux cliniques et sociétaux, pp. 5-16, COCOF. Bruxelles, 2005.
23. Ciavaldini A., *op. cit.*

CONCLUSION DE LA PREMIÈRE PARTIE

Nous avons, dans cette première partie, recherché comment la prise en charge thérapeutique et sociale des agresseurs sexuels intégrait un ensemble composite de données complexes, essentiellement liées à la différence de niveau et de nature des représentations individuelles et collectives des uns et des autres.

Le rôle de la norme sociale est évidemment central. Il détermine l'orientation et la signification générale des pratiques. Il suppose que soit, d'emblée, posée la question centrale de l'ambivalence et des contradictions mises en jeu. La relation soignante, thérapeute-agresseur sexuel, est ainsi immédiatement biaisée, compromise, surdéterminée. Des contradictions majeures apparaissent, en effet, manifestes. Liées à la condamnation, à la répression, stigmatisation, à la violence, structurelle et légitime de l'appareil judiciaire. L'ambiguïté et l'ambivalence du soin, de la psychothérapie, y reflètent systématiquement l'emprise du dispositif pénal et ses multiples recompositions, toujours en phase avec une idéologie et différents pouvoirs aux objectifs de régulation des conduites délinquantielles et sexuellement hors normes, menaçantes. Il y va d'une opérationnalisation et d'une communication. La relation clinique se fait consensuelle, se dilue. Ce que nous retenons de l'écoute de sujets, témoignant de leur prise en charge, situe clairement un profond sentiment d'incompréhension, souvent persécutrice, tout à fait antinomique à ce qui serait attendu d'une mise en place d'une demande et d'une reconnaissance d'un désir conflictuel, contrarié, devenu intolérable ou impossible.

Ce qui fait, pour eux, stigmatisation, ainsi que du mépris ou de la haine sociale, entretient et valide des mécanismes de réfutation, de déni, rend aléatoire ou improbable l'émergence d'un rééquilibrage structurant d'une personnalité.

Qu'elle soit à visée thérapeutique, ou bien de recherche, l'attention clinique requise par l'écoute des patients surprend, ou plus exactement, met concrètement en évidence les limites et les failles d'un système. L'attente réparatrice reste celle du changement comportemental, du contrôle. La place de la sexualité et de la souffrance est toujours difficile à reconnaître, travailler, élaborer.

La nécessité de la prise de conscience, liée au traitement social atteint ses limites. Le risque de la superficialité est présent. Le travail comportemental et cognitif appliqué à la sexualité violente, la maturation d'une préoccupation morale, n'impliquerait-il pas les limites de l'apprentissage d'un discours appris aux finalités d'apparaître moins égocentrique et égoïste ?

Quelle « authenticité », dans un contexte de part et d'autre, manipulatoire ? Honte et culpabilité, bienveillance, bienfaisance, empathie, orthopédie sociale, comportementale, judiciaire ?

Des pratiques, toujours à un certain moment, excluantes, déterminent des sollicitations, transactions, échanges, complexes dont la criminalité et la sexualité constituent, conjointement, mais discrètement, l'arrière-plan. Affaire de sexualité et de morale collective, affaire, également, de soin et de pénalisation, le travail avec l'agresseur sexuel ne déroge jamais, au final, avec l'idée d'épreuve, de mise à l'épreuve.

Seconde partie

SIGNIFICATIONS ET ENJEUX DES TRAITEMENTS, DU CÔTÉ DES DISPOSITIFS

Introduction de la seconde partie

FACE À LA NÉCESSAIRE RÉGULATION SOCIALE

Nous avons beaucoup insisté sur l'importance des représentations sociales. À un double niveau. Celui des professionnels et, par ailleurs, du social. Généralement péjoratives, elles jouent un rôle déterminant. Elles orientent significativement les prises en charge, entretiens, projets soignants, évaluations et diagnostics, suivis et thérapies. La notion centrale de soin s'infléchit, évolue, mute. Nous en arrivons progressivement au registre de techniques d'intervention aux finalités sociales de prévention et, essentiellement, de contrôle. Discours et pratiques acquièrent une remarquable cohérence, mais témoignent aussi de la diffusion de principes et pratiques sensiblement éloignés de l'éthique médicale et psychologique basée sur la sédation de la douleur, de la souffrance, et le respect absolu de la subjectivité du patient.

Nécessité fait donc loi, l'usage d'une nécessaire régulation sociale d'actes sexuels transgressifs, asociaux, hors normes, détermine des objectifs de prévention de la récidive. Implique, pour les professionnels psy, un net éloignement de l'exigence clinicienne de la clinique sous transfert. Peu reconnue, la préoccupation morale, rationnelle et surtout inconsciente, est très importante. Pratiques et discours des thérapeutes sont confrontés à des contradictions essentiellement contre-productives, qu'il s'agira, pour eux, de moduler et assumer.

Nous interrogerons à nouveau les pratiques, psychothérapeutiques et soignantes. Leur implication concrète et précise par rapport à des interventions souvent caractérisées par l'implicite de la contrition, de l'aveu, remord, confession. Elle soutient l'interrogation transversale de l'éthique et aussi d'une contamination idéologique entraînée par des options autoritaires et réadaptatrices. Auxquelles se rapporteraient pourtant des alibis humanistes, cliniques et même psychanalytiques. Nous distinguerons, dans un deuxième temps, le travail des conseillers d'insertion et de probation, chargés de missions tout à fait essentielles de suivis. Et, dans un troisième temps nous nous intéresserons aux magistrats, avocats et personnels pénitentiaires.

Nous analyserons ainsi ce que peut être leur relation aux sujets condamnés, et surtout, comment ils peuvent, eux aussi, entendre et écouter ce qu'il en serait de la souffrance et de la sexualité.

Chapitre I

PSYCHOTHÉRAPIE, PARADOXES ET AMBIVALENCES DU RENONCEMENT À L'ÉTHIQUE CLINIQUE

1 – Considérations préalables

La prise en charge des agresseurs sexuels est, fondamentalement, déterminée par des représentations collectives affectant profondément des sujets psychopathologiques instables et vulnérables. Elle implique, à différents niveaux, l'opinion publique, politiques et médias, spécialistes et praticiens. Elle suppose des pratiques techniquement et éthiquement « adaptées ».

Elle se construit et se structure autoritairement et spécifiquement et s'applique à un sujet coupable qu'il s'agit, par le biais du cadre pénal, de pacifier. L'application, supposée rigoureuse et thérapeutique impose, inculque, un discours légitimiste. Dont la fonction reste d'appliquer des traitements appropriés et adaptés aux différents aspects d'actes considérés comme immoraux, pathologiques et transgressifs.

S'intéresser à l'extrême complexité de la démarche des professionnels, c'est ainsi analyser un contexte original toujours centré autour de la pensée du risque et de la dangerosité, versus sexualité. C'est toujours situer l'emprise du regard médical, en surplomb. Un regard soignant et interventionniste de professionnel en quête d'efficacité (1). Il s'agit d'assumer différents aspects d'une dialectique associant soignant et soigné, individu et société, santé et morale.

Déjà maintes fois soulignée ici, l'importance des différentes représentations professionnelles, concurrentes, joue à plein sur l'organisation, le sens, l'orientation et le devenir des pratiques. Culture et statut des intervenants, préoccupations généreuses ou punitives, fiction théorique et problèmes réels se rejoignent.

Insister, approfondir, nous confronte aux questions méthodologiques, épistémologiques, à la pluralité des compétences et à l'attitude thérapeutique ou, au contraire, au danger anxiogène, traumatique, développé par des soignants à risques ou manipulateurs. Être en présence de la difficulté intrinsèque liée aux errances et avatars d'une sexualité inconsciente intrinsèque aux passages à l'acte, c'est possiblement assumer un partage affectif, l'émotion de l'agresseur sexuel. Admettre son bien-être, penser et ressentir, constitue un projet constamment renouvelé et remis en cause par chaque cas.

C'est situer ce qu'il en est d'une pensée clivée, d'une sexualité mortifère, le regard porté sur une violence extrême, mais néanmoins transitoire. La psychopathologie des agresseurs sexuels n'intègre que malaisément une qualification sémantique et diagnostique précise d'une telle altération, proche ou, au contraire, éloignée de la normalité (2). S'il y a, effectivement, à reconnaître l'individuation et la singularité extrême de la réalité psychique inconsciente de l'agresseur sexuel, l'évidence d'une amputation, d'un retournement sur soi, du recours à l'acte, rage, impuissance, désespoir et terreur, confrontent aux limites des interventions. L'agresseur sexuel apparaît supposer un regard particulier adressé à une histoire sexuelle dont l'accès s'avérera excessivement compliqué. La scientificité, toute relative, du travail engagé en fonction de la perversité, de la conscience morale, de l'accès à la responsabilisation et à la culpabilité est aussi remise en question, écoute d'un matériau pulsionnel brut, un mal-être destructeur.

Les références sont cependant incontournables. Qu'il faut accorder à une conceptualisation psychopathologique surdéterminée par des usages sociaux et pénaux (3). On situera ainsi le déni d'affect, la quête d'une sexualité auto-calmante, l'effacement de l'autre.

Référence sociale et discours scientifique se rejoignent, au prix d'hésitations témoignant de l'exigence interventionniste, pragmatique, morale, où évolue, malaisément, l'expert et soignant psy. Lequel doit composer avec son fonctionnement psychique, attendre d'éventuels remaniements. Mais aussi admettre un risque de récupération et de dérive bien éloigné de l'éthique médicale originaire. La confrontation experte à l'extrême subtilité de l'évaluation d'une culpabilité, consciente et inconsciente, interfère avec la rencontre consensuelle d'autres professionnels.

Elle montre la quasi insoluble difficulté d'associer le paradigme relationnel engagé à un modèle judiciaire probatoire et technocratique. Elle peut précipiter le psy dans l'impuissance et la défaillance. La limite de compréhension de la sexualité morbide est convoquée. Puis, surtout, montre que la pensée de la souffrance psychique, la quête désespérée de jouissance, de la cruauté, de l'agrippement agressif, le silence, le vide d'une parole désaffectivée, impose la mise en jeu de ressources contre-transférentielles remarquables.

La surdétermination par le discours social peut ainsi s'exercer aux détriments d'une telle clinique. L'adaptation à la posture judiciaire est conséquente, le glissement vers une logique interventionniste (4), ne peut-il, ici, apparaître hasardeux ?

2 – Système, paradoxe, objectivation

« Je me perds en conjecture, à propos de nombre de mes patients. La vraie question, c'est est-ce qu'ils sont malades, est-ce qu'ils sont psychotiques ? Est-ce qu'il y a, chez les agresseurs sexuels que je rencontre en consultation, maladie mentale ? Sont-ils responsables, ou pas ? Comment faire avec une justice, toujours nécessaire ? »

Ce bref extrait du témoignage d'un médecin psychiatre nous situe d'emblée en présence d'un questionnement essentiel. La difficulté structurelle d'une pratique qui soit à la fois répressive, clinique, soignante. Une pratique où il convient de discerner la présence plus ou moins permanente ou, au contraire paroxystique, d'une pensée d'ordre pathologique, déréalisante et psychotique ? Logique médicale et développement socio-judiciaire, ce qui transparaît constamment de l'implication soignante impose toujours la réflexion portant sur la nature éthique profonde d'actes structurellement intégrés au cadre pénal d'une appréciation clinique et aussi, surtout, d'un jugement. La question est politique. Serait, au fond, celle de ce qui gravite autour de la notion, extrêmement vaste, de culpabilité, qui paraît déterminer le sens des prises en charge (5).

3 – Travailler la culpabilité

Le patient agresseur sexuel est pris dans un système où il évolue malaisément. Il se situe dans un registre idéal, fantasmatique, abstrait, essentiellement basé sur le clivage et le déni. Pris dans l'influence d'un système ambigu et hybride, où le soin atteint ses limites, il entretient un rapport diffus et troublé à propos d'une improbable, sinon, impossible culpabilité. L'aveu devient impossible, insurmontable. La rencontre clinique devient illusoire, falsifiée. La volonté de changement s'étiole, disparaît (6).

« Ma pratique de psychiatre m'oblige à chercher une finalité, du sens. Il faut, à chaque fois, inlassablement reprendre, recommencer. Toujours la même perspective, celle de la sanction, de la peine, du jugement et de la culpabilité. Comment juger et m'en tenir à mon registre propre, celui du clinicien ? »

Le propos est éclairé, montre bien une incertitude, un doute, un incontournable. Les limites d'un savoir. Il montre comment pragmatique et idéalisation interfèrent. La question récurrente de la culpabilité, du jugement, de la véracité des actes ou bien de leur déni, de la condamnation et de l'obligation de soin, la responsabilité, créent un contexte tout à fait particulier remettant en cause tous les postulats relatifs au soin médical et psychique. Il ne va évidemment pas de soi d'accéder aux résistances et clivages du patient agresseur sexuel. Le préalable à la prise en charge pouvant permettre l'élaboration d'une culpabilité organisatrice (7).

« Ce patient était-il vraiment coupable ? C'était compliqué d'y voir clair J'avais, j'ai, toujours l'impression d'accusations injustes et malveillantes. J'éprouvais un certain malaise au vu des condamnations, de sa relative disponibilité, de sa sincérité. Il a payé, et même payé cher, j'en suis convaincu ».

Le discours de ce praticien nous met en présence du malaise éprouvé. Gène et ambivalence éprouvés par rapport à la condamnation pénale envahissent la relation soignant et la déstabilisent. Il assume difficilement l'impression de cautionner une procédure discrètement injuste et violente remettant en cause un principe général d'éthique. Le sentiment d'empathie se détériore, laisse place à une probable dégradation de la relation clinique et transférentielle. La préoccupation morale et éthique, assortie à la place de la victime, s'étiole. Notion clé, la culpabilité, consciente et inconsciente, n'est plus que l'argument d'une relation soignante vouée à la superficialité.

4 – Éthique, intimité et secret

Toujours présente, toujours latente, la question de la demande, jamais spontanée, engage langage, comportement, actes, mais aussi l'énigme d'un désir d'apporter une parole où se développerait l'histoire intime d'une vie sexuelle.

À un travail sur soi aussi bien essentiel qu'exceptionnellement conflictuel et compliqué, correspond l'attente théorique et formelle du praticien psy. Idéalisée, elle est compromise par la présence évidente et des implicite d'une dimension d'aveu et de reconnaissance. La logique du jugement, de la sanction, de l'épreuve du tribunal ne saurait s'effacer. Elle s'impose à la dimension d'un retour aux sources d'un trauma narcissique, des manques d'identification sexuelle et subjectivante. Des enjeux théoriques fondamentaux. L'emprise de l'application punitive et répressive de la loi est consubstantielle à l'engagement de la relation soignante (8).

« Il y a toujours ce rapport très difficile au patient. Celui-ci vient me voir en gardant à l'esprit les multiples jugements, attaques et dénonciations qu'il a plus ou moins, moins bien davantage que plus, assumé. La dénonciation, c'était pour lui le fond du problème, il n'avait plus confiance en qui que ce soit, moi, y compris […] Moi-même, je ne suis pas à l'aise quand j'entends des choses graves que je pourrais rapporter aux juges. Obligatoirement, sans doute, en fait. Comment faire ? Comment justifier mon travail ? Quel secret conserver et partager entre nous ? Dénoncer ? » (Propos d'un psychiatre coordonnateur).

Évoluant dans une relation clinique, jusqu'à un certain point, seulement, distancié, le psy se tient dans les limites d'une pratique, à un moment ou un autre, « sous tension ». Cette dernière peut rapidement basculer vers le superficiel, l'artificiel. Reste limitée à des échanges superficiels, l'apprentissage d'un discours appris, « moins égoïste, moins égocentrique ». Elle n'apparaît que peu intégrée, le réel inconscient, enjeu du travail psychanalytique est suspendu, mis entre parenthèses. La justification ne se fait pas sans concession, sans dilemme d'ordre éthique. Les notions de secret médical, de divulgation d'information sont évidemment essentielles, mais elles ne cessent de buter sur une relation d'inauthenticité. L'essentiel d'un dogme fondateur, mais techniquement discutable, l'aveu soulage, libère, guérit, atteint ses limites, détourne de l'objet, de l'altérité de l'agresseur. Si parler de son crime, le reconnaître, l'admettre, aurait une valeur thérapeutique et pacifiant fondatrice, reste que le contexte faussement bienveillant et bienfaisant appelle un renoncement à la pertinence de l'implication clinique attendue.

Les difficultés d'appréhension du cas sont multiples. Elles impliquent la posture professionnelle et les limites pratiques de la théorisation psychopathologique rendue à l'exercice judiciaire de l'appréhension de la transgression sexuelle de la morale, au sens large, sociale (9). Elles nous confrontent à ce que peut vite devenir le couple thérapeutique psy, agresseur sexuel, le tiers judiciaire jouant un rôle majeur et complexe, toujours aléatoire, au final.

5 – L'irréductible du traumatisme ?

Se confronter à des actes sexuels destructeurs et mortifères, agis sur des adultes ou des enfants, constitue une pratique aux déterminants multiples, nous le savons. Généralement déstabilisante, centrée sur le langage, puis le comportement, les actes, elle se construit à partir des défenses, évitements, décharges et surtout de messages le plus souvent énigmatiques, inaudibles ou incompréhensibles. D'abord d'ordre moral et normatif, discours médicaux, sociaux, psychologiques, scientifiques, se rejoignent.

Une violence psychique, exercée par l'agresseur, générant des ravages atteignant l'intimité profonde constitutive de la vie sexuelle, soit le réel inconscient, lieu de l'effraction, reste au centre du cadre du travail du négatif.

Soumis à un processus destructeur, la victime doit assumer l'épreuve d'un irréductible, d'un impensable, dont on situera logiquement l'expression physique au lieu de l'atteinte de son corps sexué. Essentiellement confronté à l'approfondissement éthique et la réflexion appelés par le regard porté sur un sujet transgressif, le psy retient l'importance du trauma imposé à la victime. Le privilégiant éventuellement ici à l'hypothétique souffrance du pervers agresseur. Il devrait alors envisager un difficile travail de reprise évolutive du sujet agresseur

« Maladie ou crime ? J'ai affaire, dans ma pratique, à des sujets asociaux et il m'est bien difficile de discerner ce qu'il peut en être de leur pathologie. Difficile de vous dire qu'en tant que femme, que praticienne, je ne puisse être choquée par certains comportements ? Après, je me détermine en tant que professionnelle, je m'efforce, bien sûr, de rester neutre, de faire attention à mes affects. C'est vrai que dans les affaires de pédophilie, c'est grave. Quand je pense aux ravages traumatiques subis par les enfants, je pense qu'on est dans des cas extrêmes Même si l'essentiel, c'est toujours de rester attentive, clinicienne. Le sujet expertisé et soigné, la victime, les discours, la morale, l'exigence scientifique, j'essaie de faire au mieux avec tout ça. Guérir ? Sans doute pas. Quand je dois voir un pédophile, je sais que c'est bien d'un enfant qu'il s'agit, qu'on a forcé, trompé, abusé est grave, évidemment. Les conséquences pour l'enfant, le plus souvent irrémédiables ».

Ce qui est perçu par ce professionnel et d'autres évoque le déni de l'enfant, sa transformation en objet sexuel, en support d'actes violents. Valeurs, décision, imprègnent la relation soignante à l'enfant. Celui-ci subira des traumatismes psychiques lourds, sa sexualité effractée n'est que rarement, voire pas du tout, reconnue.

Une perception simpliste de l'enfant asexué est parfois perceptible, renvoyant à l'innocence et à la pureté caractéristique de l'enfance. C'est ainsi une représentation davantage morale et éthique qui pourrait s'imposer. Au prix de la relative méconnaissance de la clinique structurelle et développementale du réel sexuel infantile (10). Le « bien de l'enfant » s'affirme comme la notion déterminante, la préoccupation généreuse et l'idéalisation normative s'imposent à la tentative de représentation d'un trauma enfoui et surtout méconnu de l'enfant.

6 – L'intrication morale

La lecture et l'approche, par les professionnels, de l'agresseur sexuel admet des éléments souvent conflictuels ou dichotomiques. Il peut s'agir, tantôt d'un sujet vulnérable et en souffrance, en butte à l'épreuve autodestructrice de la culpabilité et de la haine sociale, tantôt d'un prédateur pervers haineux, pervers manipulateur déshumanisé et inaccessible aux soins. L'histoire psychique, familiale, les épreuves sociales, les multiples conflits non surmontés, bien évidemment des traumas psychosexuels précoces, sont souvent significativement peu abordés. Un sujet diabolisé, disqualifié, soumis aux affects perdus de la dépression froide est donc peu à peu détourné des exigences cliniques d'une recherche psychodynamique occultée par des lectures morales réductrices. Tel ou telle psychologue affirmera une position excessivement critique et revendicatrice à l'encontre de l'agresseur. S'il y'a, chez de nombreux praticiens, préservation d'un intérêt clinique et scientifique pour la personne, agresseur sexuel, des ressorts passionnels et d'ordre inconscient peuvent souvent apparaître, discrètement (11). Il s'agit ainsi d'une posture morale, éventuellement contestable, car empreinte de subjectivité. Des aspects classificatoires discriminants et même disqualifiants peuvent intervenir, conformes à une position judiciaire orientée vers l'exemplarité de la sanction et de la répression à titre préventif.

La question, d'importance, nous met toujours en présence d'un décalage interprétatif dont les conséquences seront des conclusions pronostiques biaisées et, surtout, pessimistes, contribution impliquant la répétition provocatrice et autodestructrice du consultant. L'objectif thérapeutique se désagrège. Scientificité et éthique sont ici convoquées par rapport au pouvoir judiciaire, à une logique de conviction, mais aussi d'impératifs de représentation et de sanction morale.

L'exemple du rejet social des pédophiles peut, en ce sens, susciter des réserves quant à ce qui serait du passage d'une approche professionnelle psy à une autre, profane.

Un savoir est infiltré par l'intrication idéologique et morale. Le rôle des représentations est constant, diffus, essentiel, malaisément admis, travaillé et reconnu, à même de générer des approches inappropriées. L'exigence scientifique et clinique attendue (12) se rétrécit. Les désignations favorisent certaines conceptions d'un individu perçu, non pas dans sa globalité, mais en fonction de pathologies asociales et perverses. La question éthique doit ainsi nous confronter, praticiens, à la plus grande attention vis-à-vis des jugements, plus ou moins élaborés, portés en fonction d'une logique concrète, pragmatique, utilitariste et essentiellement morale. Insister sur la question déontologique est donc tenter de s'affranchir des biais faisant écran à la clinique des affects du sujet incriminé.

7 – Prise en charge, nécessité, flou et empirisme ?

Nous nous situons toujours dans la réalité d'un ordre pratique où la conceptualisation de ce que recouvre la psychopathologie perd de sa spécificité et s'ouvre à des arguments objectifs et concrets de lutte contre la récidive, devenue l'option majeure. Il y va, avec un individu, d'un problème.

La prise en charge n'exclut pas le présupposé d'une condamnation. L'on retient toujours l'idée d'un comportement sexuel déviant, inapproprié et des traitements délibérément invalidants castration chimique, peuvent être appliqués. Leur mise en application, autoritaire, tend à cloisonner, morceler, construit un champ d'étude particulier. Heuristique et pragmatique, la prise en charge perd la notion de globalité d'un sujet, sexué, elle s'annonce, s'énonce, en fonction de l'isolement de certaines caractéristiques, sujet sexuellement dangereux, correspondant à une élaboration diagnostique et pronostique, *ad hoc*. Adapter la connaissance psychopathologique à un certain idéal thérapeutique, guérir la sexualité violente, participe ainsi d'un risque de désinsertion de la clinique (13). Passer d'une prise en charge d'actes violents à une réflexion argumentée sur le long terme de la vie sociale et psychosexuelle de l'agresseur suppose, par-là, le risque inhérent à l'application mécanique de programmes de pseudo « rééducation » sociale et sexuelle.

Il s'agit bien de s'en tenir à l'appréhension systémique du patient. De mise à l'épreuve infinie, de renoncement et sacrifice à une sexualité dont la psychologie freudienne nous montre le caractère négatif et peu compréhensible. Le sens de la sanction n'est-il alors pas d'associer une certaine forme d'interprétation du symptôme à l'exemplarité correctrice d'une mise à l'épreuve et d'une souffrance ? Les effets nocifs, longuement soulignés ici, sont refoulés. Tout comme l'est l'improbable propos consensuel relatif à une véritable évaluation thérapeutique du soin médico-pénal imposé. La question centrale de la demande, thérapeutique, de la demande d'intervention, demande exogène, insiste, met à nu les compétences. Quelle aide à demander par l'agresseur, dans un contexte où désaccord et refus, aussi fondés soient-ils, sont portés à son passif d'auteur de fautes morales invalidantes.

« Qu'est-ce que ma pratique auprès des agresseurs sexuels ? C'est, au fond, une démarche à laquelle je n'ai pas été formée, préparée. C'est un travail de soin très particulier. Une médecine, une thérapeutique médicale de la souffrance avec une population très particulière. Je me heurte à des refus, des résistances, des personnalités inaccessibles, réfractaires, hostiles, mutiques. Les affects sont masqués, inaccessibles, comme la sexualité. Il y'a de l'émotion, beaucoup d'émotion chez moi, chez les patients, sans doute aussi, mais souvent inaudible. On avance petit à petit, parfois pas du tout. Avec la nécessité de constamment se référer à la justice, à la nécessité de contrôler, d'adapter le suivi pénal. D'entendre malgré tout qu'on a affaire à quelqu'un qui a enfreint les règles de la collectivité. »

Avec ce témoignage d'une femme médecin psychiatre travaillant dans un centre pénitentiaire, apparaissent, à grands traits, des perspectives récurrentes liées à la tentative de faire émerger une demande du patient et sa prise de conscience d'actes effractifs et intolérables. L'écoute du récit de vie, de la biographie, des événements, la mise en perspective de la dimension cruciale des actes d'agression sexuelle, mais aussi la présence d'éléments pervers, plus ou moins assortis de souffrance, constituent la toile de fond du travail imposé au condamné.

Affaire de parole, d'histoire, de discours, le travail psychothérapique reste déterminé par la logique sous-jacente de l'acceptation de la condamnation considérée comme parfaitement justifiée et incontestable. Efficacité, inefficacité ? Elle doit être intégrée, soutenir la demande et un engagement, qui s'avèrent souvent dans les faits, impossible, le patient contestant et déniant le jugement de sa condamnation. L'essentiel du travail du thérapeute consistant alors à tenter d'approfondir et d'élaborer le bien-fondé salvateur de ce qui est perçu par l'agresseur comme illégitime, persécutoire, menaçant. Sans enthousiasme, mais pas nécessairement sans effets, malgré tout.

Analyser le fondement théorique et méthodologique de la soumission thérapeutique à l'injonction de soin correspond à rechercher avec l'agresseur la construction d'un cadre de réalité judiciaire et social dont la cohérence permettra de dépasser le déni et l'intolérance, persécutoire ou bien manipulatrice, manifestés (14). Une difficulté majeure, une gageure, traversant constamment l'alliance thérapeutique, celle de la séduction et de ses corrélats narcissiques et destructeurs.

« Attendre la demande, c'est aussi pleinement reconnaître l'apport et l'intérêt du cadre et de ses effets contraignants. Il faut reconnaître, avec le patient, toute l'importance d'une démarche rigoureuse et engagée. Aider et soigner le patient, c'est aussi éviter les blocages, adapter assouplir, écouter et travailler les points de rupture. Je suis évidemment particulièrement attentif à la personnalité de l'agresseur. Bouger les choses, faire avancer la thérapie, c'est aussi reconnaître des personnalités quasiment ingérables C'est la nécessité d'admettre des individus aux personnalités redoutables, ayant commis des actes abjects. Quelque chose qui justifie de la rigueur, au-delà de tout angélisme » (Une psychiatre intervenant en S.M.P.R.).

« Violents, difficiles à récupérer, ces patients agresseurs sexuels ont souvent des comportements et attitudes sadiques et irrécupérables. Il faut bien l'admettre, même si ce n'est pas évident ni facile. Les fantasmes qui les habitent, eh bien, des fois il m'en parle crument et c'est difficile à entendre, même pour un médecin psychiatre. Il n'y a pas chez eux d'empathie, très rarement. Certes, ce ne sont pas des monstres, mais la pratique et l'expérience, ça m'a quand même marqué assez profondément. Soigner, c'est toujours possible, mais toujours aussi avoir conscience des limites du traitement d'individus clivés et dangereux. Difficile, évidemment, face à la brutalité, de réguler émotion, affectivité. Difficile, mais fondamental de respecter les nécessités sociales et morales » (La même psychiatre).

La relativité et la limite sont donc soulignées. Et surtout, manque la clinique, tout à fait essentielle, du désaccord et refus de soin. Les limites de l'engagement, clinique, éthique et relationnel, d'une praticienne. La mise en œuvre d'une dialectique associant déterminisme pénal et engagement relationnel. Elle sous-tend, par ailleurs, celle de l'inefficacité d'interventions non demandées. Ainsi que les attentes réciproques de la justice, du social, de la victime.

« C'est extrêmement compliqué, Je travaille sur de multiples demandes, des contradictions, c'est impossible d'y répondre de manière véritablement satisfaisante » (Toujours cette psychiatre).

Travailler avec le sens commun, le social, c'est aussi prendre de la distance. Assumer les contradictions d'approches soignantes devenues, paradoxalement antinomiques à l'éthique clinique, la relation impossible à « l'autodéchirure » de l'agresseur sexuel, le respect du principe d'exigence fondateur d'une écoute des aspects ultimes et mortifères de l'ultime de certains comportements humains, nous rapproche de du processus d'appréciation scientifique. Nous incitons à nous éloigner du système pénal, en ses aspects formels et conventionnels.

8 – Analyse structurale des fondements d'une pratique de psychologue

Le positionnement professionnel de psychologues, psychothérapeutes, travaillant auprès d'agresseurs sexuels, illustre décisivement, la complexité, les incohérences et contradictions, de la mise en place de l'accomplissement des diverses pratiques soignantes.

Rivalités, tensions, confusions et conflits témoigneront, en ce sens, de l'expression concrète d'un possible et structurel malaise. Individualisation et personnalisation du travail sont une donnée essentielle marquant la diversité et aussi les surprenantes antinomies des approches.

Le constat surprend. Il est celui du statut, souvent excentré, de psychologues évoluant au sein d'un dispositif institutionnel où la spécificité de la pratique rencontre cependant aux impératifs relatifs à une commande sociale obligée. Si leur travail auprès des agresseurs sexuels répond manifestement aux exigences de la psychothérapie, la référence la globalité, l'évolution et le bilan des prises en charge est parfois loin de répondre aux attentes préalables des patients et des différents partenaires. L'impression d'un décalage est fréquente et significative. C'est que le cadre, accompagnement, soin, contrôle, suivi, et ce qui peut s'en exprimer, en tant que démarche soignante et préventive, exemplarise l'ambiguïté de ce qui est aussi un « traitement social » de la valeur morale et de l'autorité pénale en rapport à la transgression sexuelle violente. Stratégies et négociations, en rapport à la mise en place du « contrat thérapeutique » déterminent l'engagement, souvent biaisé, d'une démarche où le respect des repères classiques du transfert ne sont plus tenables. La référence au fondement psychologique rigoureux difficile à mettre en œuvre. L'aspect sécuritaire est évidemment bien présent, la prescription légale toujours latente. Le concret du système juridique marque les limites d'un optimisme réducteur auquel il conviendra d'associer des tensions souvent implicitement conflictuelles et anxiogènes. L'ajustement au patient, l'application des axiomes théoriques, psychanalytiques, appellent le dépassement des « bons sentiments », la prise de conscience de la sexualisation d'une relation malaisée, la mise au clair, autant que faire se peut, vis-à-vis de pression judiciaire et sociétale.

« Mon travail, au fond, je l'invente et je dois l'adapter en même temps au discours tenu par le système et la hiérarchie. Je fais du soin et je fais autre chose, j'évolue avec le patient, mais des fois, j'ai du mal à me repérer. L'obligation de soin, c'est très compliqué et je dois faire attention, ne pas être dupe. La psychothérapie, ce n'est peut-être plus cela. Faire changer les gens, lutter contre la récidive. C'est difficile, surtout avec ces sujets pervers qui arrivent très bien à manipuler les soignants psy. Très difficile, très compliqué, je vous le répète. Compliqué, faire avec la justice, faire avec la loi. Ça ne se passe pas si mal que ça, en fait, il faut reconnaître C'est vrai que la question du secret, de l'intime, donc la sexualité, n'est pas facile à aborder à traiter. Et qu'il faut bien en transmettre quelque chose, rendre un témoignage sur un individu menaçant, souvent dangereux. Je ne peux pas faire n'importe quoi, soit être en sympathie avec le patient. Impossible, contraire à la déontologie. Quelque part, on gère. Je peux parfois mal vivre certaines situations et mal accepter que je sois aussi un acteur de la répression. À ma façon, mais impossible, dans ma mission de psychologue, de récuser ma place dans le dispositif, indispensable, malgré tout. Critiquer, comme les belles âmes, non, j'ai dépassé cela. La difficulté de mon travail ? Tout est dans des attentes, contradictoires, forcément. Question de déontologie, après tout. Question de conflit aussi, celui d'un refus de me soumettre à certaines injonctions, moi aussi. Ce que les collègues acceptent, à mon sens, trop facilement. Et puis un moment, contester ça vous expose, c'est une menace potentielle, avec d'abord des rappels à l'ordre, subtils, mais bien réels. Cela m'est arrivé, à moi aussi, il a bien fallu se justifier, rendre des comptes, moi aussi. » (Un psychologue travaillant dans un service de probation, dans le cadre de soins psychologiques en post pénal).

Soumis aux représentations et commandes sociales et judiciaires, ce psychologue évolue dans une constante difficulté. Celle de la nécessité de préserver le sens d'une clinique du sujet agresseur sexuel toujours déterminée par des effets de dispositif. La signification de la pratique évolue, bascule, parfois. L'obligation de se positionner par rapport à la décision pénale et experte appelle une insatisfaction vis-à-vis d'une pratique perçue comme édulcorée. Jusqu'où l'axe thérapeutique basé sur l'écoute d'une souffrance d'une violence du patient agresseur sexuel, est-il reconnu et préservé ? (15).

L'obligation, au sens large, du dévoilement, l'obligation vis-à-vis de la sécurité publique, peuvent-ils, comme le dit Ch. Mormont, « adultériser » la fonction, entraver l'idéal professionnel au nom de la mission de lutte contre la récidive ? Encore confronté à un certain pouvoir, psychiatrique, médical et expert, le psychologue évolue dans un environnement professionnel, sans doute, contrasté où il lui faut assimiler de nouvelles tendances de gestion pénale des risques.

Une évolution subtile, mais déterminante correspond à la généralisation d'un modèle de traitement où la violence sexuelle tient ainsi la place centrale d'un symptôme social et anthropologique d'importance cruciale.

À la maladie mentale succède la recherche d'une délinquance psychopathique dont le psychologue devient l'agent, important ou bien mineur, c'est selon. C'est qu'il lui est en effet demandé d'assumer un travail d'écoute, à la fois pacifiant et moral, de l'histoire d'une délinquance sexuelle, toujours, au fond, rapportée à la pression et à l'emprise des institutions. La sollicitation est mutuelle du praticien et du sujet coupable. Chacun, dans son registre propre, au niveau de la signification d'une clinique orientée et édulcorée. À la fois compromise et nécessaire. Eu égard à la nécessité collective entretenue par la perception diffuse de la menace évoquée par certains passages à l'acte sexuels et violents. Que la porosité du référent symbolique de référentiel symbolique et œdipien ne semblerait plus garantir avec autant de cohérence. Le travail clinique et psychothérapique serait à relativiser et la sollicitation reformulée en des termes d'exigence sociale et judiciaire à laquelle la technicité du psychologue devra toujours se confronter et s'adapter. L'éthique transférentielle mise en jeu avec le patient agresseur conserve la signification originale d'une peine dont l'élaboration soignante constitue un développement spécifique (16). Toute la question étant alors de s'interroger sur la réalité interne ou externe de la souffrance psychologique imposée pénalement au sujet.

« Comme vous le savez, je travaille d'abord avec un sujet psychique, pas un monstre. Mais, très vite arrivent la menace, la hiérarchie et la récidive. C'est alors, forcément être en face de quelque chose de quasi impossible, au fond, à travailler, à penser. C'est aménager mon travail de thérapeute tout en sachant que sa qualité est remise en cause par ce que je ne maîtrise plus, la sanction judiciaire et le contrôle social. Des fois, je me sens récupéré, instrumentalisé, mais ça, je ne peux le dire à personne, sauf, peut-être, le travailler en supervision, et encore. Et pourtant, tant à faire, à écouter, à faire émerger ce qui est enfoui, clivé, un sexuel enkysté, l'essentiel d'une problématique sexuel de l'archaïque et du destructeur. À inventer, à bricoler ? Quelque chose que l'agresseur ressent au fond de lui-même, mais dont il comprend très bien que l'exposer, c'est un prendre des risques que sa parole soit rapportée, trahie, se retourne contre lui. Ce sont effectivement des individus pas très sains, opposants, manipulateurs, fuyants. Pas faciles, ça, on le sait très bien. Tout se résume autour de la question de fond, celle de la demande, évidemment. Là, forcément, ça achoppe, ça bute, ça rate, mais je dois, coûte que coûte, assurer la continuité de mon travail soignant ».

Inscrit dans un dispositif dont il doit respecter la commande, ce psychologue doit associer son écoute clinique fine de la subjectivité de l'agresseur, en même temps qu'une mission correctrice, sinon rédemptrice, paradoxale, sinon contradictoire. Ce serait donc face au sujet pseudo-spontané, sa mobilisation défensive, ses doutes, ses questions, que pourrait s'immiscer l'angoissante question, évoquée par la relation au sexuel, à la loi, de l'hypothétique disqualification du psychologue psychothérapeute.

Références

1. Berthon G. ? Le paradoxe du consentement aux soins sous contrainte, entre norme juridique et éthique psychiatrique, L'information psychiatrique, 2006/6, Vol. 87, pp. 469-485.
2. Adam C., Auteurs de violences sexuelles, Rapport audition publique, Ministère de la Santé, Paris, 2018.
3. Adam C., La personnalité antisociale, antithèse de la psychopathologie, *In* Déviance et société, 2017, Vol 41, p. 3-26.
4. Adam C., *op. cit.* Chap. 3.
5. Mormont C. et Archambault J.-C., Les Délinquants sexuels, Masson, Paris, 1998.
6. Green A., Illusions et désillusions du travail psychanalytique, Le Seuil, Paris, 2010.
7. Foucault M., Mal faire, dire vrai. Fonction de l'aveu en justice, P.U. Louvain, (2012).

8. Gautron V., Auteurs de violences Sexuelles, Prévention, Évaluation, Prise en charge, Rapport audition publique, Paris, 14-15 Juin 2018.
9. Mormont C., Tyrannie de la reconnaissance des faits, Jubilé Faculté de Psychologie, Liège, 2017.
10. Mormont C., *op. cit.*
11. Smith J., Le psychologue face à l'agression sexuelle, in « Éthique et pratique psychologique », pp. 117-128, Mardaga, Wavre, 2017.
12. Franssen A. et De Coninck F., Aux frontières de la justice, gestion des risques et tutelle de l'intime, *In* Cantelli F. et Genard J.-L., Action publique et subjectivité, LGDJ, Paris, 2007.
13. Doron C.O., D'un singulier désir de soin dans les politiques pénales, *In* Lefèvre C ; Worms F. Dir, La philosophie du soin, Paris, P.U.F. 2010.
14. Mormont C., *op. cit.* 9.
15. Villerbu, M. L., Anthropologie raisonnée de l'approche psycho-pénale des auteurs d'agression sexuelle, *In* R. Cario, J. C. Héraut (Dir.), Les Abuseurs sexuels, quel(s) traitement(s) ? pp. 40-56, L'Harmattan, Paris, 1998.
16. Calais V., Surveiller et soigner, les fonctions politiques du psychologue à l'heure de la santé mentale, *In* Le journal des Psychologues, 2019/4, N° 366, pp. 71-77.

Chapitre II

DES INVESTIGATIONS AUPRÈS D'ACTEURS MAJEURS DU DISPOSITIF PÉNAL ET JUDICIAIRE

1. Lecture critique des prises en charge des conseillers d'insertion et de probation

— Suivi social

Interroger les conseillers pénitentiaires d'insertion et de probation et s'entretenir avec eux d'un repérage des plus complexes, associant diverses données relatives au criminel et à la préservation de sa place dans l'espace social. C'est montrer comment la rencontre par ces professionnels, des soignants, témoigne, comme pour d'autres de la difficulté de cerner des valeurs et objets communs. La conceptualisation des pratiques associe divers paramètres, l'empirisme, la recherche de sens et cohérence. L'accompagnement et l'interprétation psy y rejoignant un principe léonin et sans doute narcissique. Là où des intervenants spécifiques tendent à privilégier leur fonction, leur position, un certain arbitraire, aussi.

Affirmer leur capacité réflexive, développer un travail sur la problématique globale et pragmatique de la réinsertion. La démarche, parfois conflictuelle, d'accompagnement, de réadaptation à la vie sociale est perçue comme l'affirmation, à partir d'une constellation complexe, d'une compétence disciplinaire et analytique essentielle dont le poids est conforté par le dispositif.

« Nous travaillons beaucoup à partir des données d'expertise. Ce sont elles qui nous guident, permettent de cerner la dangerosité et la capacité d'évoluer. Donc ce que nous avons à faire en termes d'aménagement de peine. Il faut rester précis, comprendre, adapter. On n'est pas des spécialistes, mais on a néanmoins une mission très importante, aussi, de supervision » (Discours d'un CPIP).

Amenés à contribuer à des décisions essentielles, des aménagements de peine, les CPIP travaillent effectivement en fonction de l'enjeu majeur qu'est la gestion de la vie du délinquant sexuel. Logique de décision, logique de culpabilité, ils évoluent, eux aussi, au plus près d'un sujet toujours potentiellement dangereux et condamnable. À la sensibilité à la personne correspond toujours le discours médical et pénal dont le CPIP reste un acteur déterminant. Injonction, prescription.

Suivre le sujet condamné, récidiviste potentiel. La mission des CPIP exprime dans la réalité d'un contexte où l'accès et la reconnaissance de la parole sont toujours directement raccordés à la dimension fondamentale d'aveux portant sur des faits, la gravité de ce qui a été commis et justifie l'attention soutenue au risque et à la menace latente.

Le contrôle, le formalisme sont bien présents et il convient de préciser la distinction essentielle de ce qui n'appartient plus au domaine psychothérapique. « Il me faut travailler sur la prévention de la récidive, c'est l'essentiel. C'est donc qu'il faut revoir avec le sujet, son passé, sa faute, ce qu'il a fait. Il faut travailler ensemble sur la compréhension, la reconnaissance, pour réfléchir et faire du chemin. Il faut écouter, parler de tout ça, c'est essentiel. Ce qui est très important c'est qu'ils ont énormément de mal à parler des faits, des crimes sexuels. Ils nient, ils mentent, ils veulent oublier. Ils refusent de reconnaître. Moi là-dessus, j'essaie de m'intéresser à eux, de les connaître, de les aider. Ce qui n'est pas toujours facile. Ce n'est pas évident, des fois j'ai du mal à accepter certains qui ont des comportements ou paroles révoltantes. Le but de mon travail, c'est aider et apprendre, c'est-à-dire avancer avec des personnes ingrates et hostiles, des gens à qui on est obligé de faire confiance, ce qui est presque toujours difficile. Des prises en charge compliquées avec la satisfaction de réussir, la peur d'échouer, la déception et même la honte, parfois ! » (Le même CPIP).

Analysant ce discours, nous retenons la présence de différents niveaux de travail. Plus particulièrement ce qui est du ressort de l'implication transférentielle et inconsciente. De l'ordre des mécanismes intimes relatifs à la présence discrète de la sexualité et de ce qui peut être éprouvé, mais refoulé d'un rejet et d'un dégoût. La spécificité de l'approche relationnelle, des entretiens, de l'action intégratrice et préventive, est donc celle de positions malaisément reconnues, dont les tenants et aboutissants semblent bien difficiles à réguler, mettre en pratique. Il y a là, effectivement, idéalisation, un positionnement particulier par rapport à une sexualité devenue transgressive, dangereuse et interdite. Mais aussi, paradoxalement occultée, oubliée, refoulée (1).

« Pour moi, parler de sexualité, ça n'a rien d'évident On a sa pudeur, sa gêne, sa vie intime. Parler de sexualité avec, par exemple, un violeur, ça me met mal à l'aise, ça me gêne, c'est pas facile. Parler cru, parler obscène, je ne peux pas, ça dépasse mes limites, quelquefois. »

Cette jeune femme, CPIP nous confronte, bien sûr, à certaines limites relatives à la pratique clinique, sexologique, psychologique, psychanalytique. La mise en application d'une pratique postpénale, et aussi normalisante, conduit ici à la recherche progressive d'aménagement et de maîtrise d'une pratique socioéducative compliquée. Mais aussi à un interventionnisme subtil visant à affirmer des valeurs, des compétences, et surtout des décisions palliant plus ou moins et implicitement ce qui est perçu en tant que carence. Les experts, psychologues et psychiatres, sont au centre de ces évolutions, évaluations, dont la signification concerne la culpabilité et l'application pratique de la peine. Qui, accordée aux dangers de la lecture systématique et quelque peu mécanique de l'application, est souvent peu formalisée, du processus décisionnel, par les CPIP. La construction du travail auprès des agresseurs sexuels n'apparaît-elle pas de moins en moins ambitieuse, de plus en plus hésitante et empirique ? Sans doute insuffisamment à la mesure d'une insuffisante intégration de l'acquis escompté des sciences humaines, ainsi que de l'omniprésence de l'application formaliste du droit. Application rigide ? Généralisation ou individuation de la pratique ? Élaboration collective ou application minutieuse du droit par chaque catégorie d'intervenants judiciaire et soignant ?

— Psychologisation

Étudier, attendre, prévoir. L'attente adressée aux CPIP participe de la recherche probabiliste du comportement et du fonctionnement psychologique des condamnés. La peur et le contrôle de la récidive, de la sexualité, inoffensive et pro sociale, justifient la fonction disciplinaire et de surveillance d'aidants, dont les capacités sont mises à l'épreuve.

La démarche d'écoute se constitue en marge des perspectives thérapeutiques dégagées par ailleurs. Mais reste, malgré tout, tout à fait légitime. Demande sociale, assignation, représentation sociale interfèrent. Peuvent, dans une certaine mesure, altérer voire disqualifier l'influence discrète d'une clinique psy entrevue. Volontariste et interventionniste, la thérapeutique psy change fondamentalement L'alliance thérapeutique, modulée, est soumise à une volonté frileuse de protéger, ainsi qu'à l'extrême difficulté et malaise relatifs à la sexualité et ses débordements pervers et violents. Des prises en charge ainsi sous-tendues par l'empirique d'analyses relativement sommaires d'un agresseur sexuel. Le regard de l'autre, l'image de soi, l'attention relativement éloignée de l'approfondissement des conflits et défenses psychiques, situent un travail des plus difficiles. Dont l'ambition reste de préserver l'avenir du sujet, ne semble pas permettre l'émergence.

Proches des motivations profondes d'un sujet essentiellement résistant et souvent manipulateur, les CPIP rencontrent, eux aussi, les failles narcissiques des agresseurs. Celles-là mêmes faisant significativement écho aux impasses mises à jour par l'intervention contrainte des psys. Dont le mode d'intervention semblerait biaisé, surdéterminé par un mode de relation imposé par l'utilitarisme social et ses conséquences sur la résistance des patients au traitement.

« Travailler avec eux, les écouter, c'est les voir, les entendre, c'est surtout faire face à des gens sur lesquels on n'a pas prise. En effet, ils sont fuyants, ils glissent. Ils ne sont pas intellectuellement très honnêtes. Ils n'assument presque jamais ni ne reconnaissent les faits. Il faut, bien sûr, faire avec. On travaille avec eux à prévenir. C'est très compliqué, on n'est jamais sûr. Mais on a tout de même des chances d'avancer, avec de la patience, de l'humanité, bien sûr. Pour certains en tous cas » (Un CPIP).

Parlant de son travail, ce professionnel évolue toujours dans une relation déterminée par les conditions d'un parcours et représentation sociaux caractérisés par la gravité des actes commis. Elle oriente, au risque de confusion, la prise en charge, toujours étroitement associée à la persistance de la peine de probation. S'il y a bien une perspective de réhabilitation sociale, l'enjeu du projet, la réalité de la dimension de régulation pénale est toujours essentielle. Ce qu'éprouve le CPIP d'une certaine forme de malaise reste présent, se manifeste une impression dominée par une certaine forme d'ambivalence relative à une privation de liberté. Essentiellement agent du dispositif, le CPIP accompagne le sujet délinquant sexuel, dans le sens d'une démarche dont nous avons ici longuement démonté la logique, thérapeutique, normalisante, répressive, encadrant. Situé au plus proche d'une parole brouillée, il assume toutes les contradictions d'un système. Le recouvrement du champ de l'exclusion pénale et de la psychopathologie prend, toujours, le sens d'une confrontation malaisée du praticien CPIP vis-à-vis de la loyauté engageant sa relation au sujet et à l'ordre social (2).

« Je suis dans une relation d'aide compliquée, à laquelle je n'ai sans doute pas été suffisamment formé. Tous les jours je recommence et j'apprends avec chaque patient. Chacun est différent, avec ses propres problèmes, avec ses qualités humaines, mais aussi, surtout, je dirais, ses lacunes et ses défauts, qui sont difficiles à travailler ».

Posture attentive d'écoute, mais aussi d'autorité et de possibilité de sanction, la démarche CPIP reste peu centrée sur la question sexuelle. Comme nous le savons, une des constantes de notre étude. Travail individuel et aussi de groupe, la perspective « thérapeutique » ne saurait être pleinement reconnue par des intéressés, pourtant demandeurs d'aide leur permettant de mieux assumer leur fonctionnement psychosexuel.

« C'est une démarche particulièrement complexe que nous entreprenons avec chaque condamné. Un travail de réadaptation, aide et sollicitation où nous cherchons avant tout à faire prendre conscience, c'est-à-dire à accomplir une démarche socioéducative étroitement en lien avec la loi et la peine. Ce n'est donc pas du thérapeutique, du psy ».

L'inscription politique, institutionnelle, géospatiale, de la pratique d'écoute est porteuse de certaine transversalité. Elle intègre l'essentiel d'une problématique de pacification de processus d'exclusion et de neutralisation de sujets en difficultés, mais aussi stigmatisés et condamnés aux inéluctables effets des logiques punitives. Les impératifs se rejoignent. Ils renvoient, au fond, à une conceptualisation plutôt superficielle d'écoutes assistancielles peu susceptibles de contribuer à l'accès à une parole « vraie », véritablement porteuse de réponses au besoin du justiciable, eu égard la perception inconsciente d'une sexualité violente, mortifère, morbide. Par-delà la privation de liberté et l'aliénation au milieu résidentiel fermé, particulièrement difficile à vivre.

— Ambivalence

Rappeler la loi, en fonction d'honnêteté et responsabilité, sur des mesures alternatives à la prison, mettre à l'épreuve, apprécier et évaluer la conformité du sujet aux attentes escomptées ! L'originalité et légitimité de l'approche du CPIP témoigne d'un certain souci du particulier, dont nous nous efforçons de situer la particularité d'un regard. Son travail, comme d'autres, ne saurait recouvrir le même champ que celui du thérapeute.

Si l'impression défavorable, horreur, dégoût, haine, ne s'efface pas complètement, un humanisme bien tempéré par le risque persiste, la discipline d'analyse n'est toutefois pas absente. Les valeurs et en question, statuts, missions, compétences, des CPIP, de l'ensemble des intervenants, praticiens, judiciaires, appellent, en fonction des circonstances des cas, des points de vue différents sur « l'autre ». Les échanges atteignent, nous le savons, leurs limites. La réalité psychique et inconsciente sous-tendue par la perversion, la sexualité, le mal-être social et conflictuel est annoncée, ébauchée, rarement parlée, omniprésente. Elle suppose, pour les CPIP, pour toute la constellation praticienne, d'assumer la décision, l'éthique, l'impossible de penser à la place de « l'autre ». Admettre que la manipulation n'est, de part et d'autre, jamais très loin (3).

Les mécanismes relatifs aux effets et fonctionnement du dispositif ont été soulignés ici. Il convient de reconnaître, d'avouer, de manifester de la contrition.

Retenons alors une notion essentielle, une de plus. Comment pleinement réaliser, pour le CPIP, pour chaque intervenant spécifique, judiciaire ou pas, son rôle institutionnel, sa fonction professionnelle et technique, sa méthodologie professionnelle et son éthique ?

« Je ne dois jamais exclure le risque de mon travail. Je dois toujours le remettre en question, apprécier, évaluer. Je n'oublie jamais qu'il y'a de la dangerosité et je n'hésite pas à appeler les experts pour qu'ils veuillent bien me conseiller et m'aider. Tout cela est vraiment important, avec de lourdes responsabilités, évidemment ! »

Intrinsèque au raisonnement pratique, éthique, clinique, l'appréciation personnelle du CPIP, tout comme celle du psy et du magistrat, ne saurait le faire sortir de son rôle spécifique. Le psy, par exemple, toujours pris dans la tentation de suppléer aux carences du système et des autres intervenants. Assumer de lourdes responsabilités, de lourdes responsabilités, le contexte est anxiogène, les dérives autoritaristes, les stratégies défensives et protectrices, la tentation entretenue par le pouvoir expertal, nous interrogent, chacun, dans ce que nous pensons devoir être la meilleure interprétation possible du jugement, de la peine, de la culpabilité.

L'engagement professionnel doit ainsi intégrer la réalité, souvent refoulée, de se penser à la place de l'agresseur et puis, aussi, de la victime, dont le désir de s'approprier la plainte est parfois possible. Retenons quelques explications éclairantes de CPIP : « Ils sont souvent compétents, disponibles, mais pour les réinsérer dans le monde du travail, il faut tenir compte des difficultés qu'ils ont à dépasser leur mal-être intérieur, les violences et les conflits qu'ils portent en eux, mais qu'ils ne veulent pas reconnaître. Les contacts avec le monde professionnel et les employeurs peuvent donc être délicats et il faut donc toujours en tenir compte. »

« Le travail avec le sujet condamné est souvent remis en cause par l'évocation des partenaires, employeurs, maires, toujours susceptibles de marquer des limites et à récuser un individu venant de la prison et donc peu amendable. La situation de l'agresseur sexuel est à un moment ou un autre, forcément, précaire. Je suis quand même surpris quand je vois comment se font certaines remises de peine. Il y'a des individus dangereux, souvent ».

« Ce sont toujours des pervers, il ne faut pas mésestimer le danger. La réinsertion, c'est aussi l'accomplissement de la peine. Au cas par cas, le bon sens, la responsabilité pleinement assumée ».

Toujours centré sur le processus de représentation, le travail des CPIP ne saurait échapper au pragmatisme, à la prudence, l'apport de la clinique psy est forcément limité.

Les CPIP ne sauraient, dans leur registre propre, déroger à la désignation commune de la criminalité perverse Ils doivent, eux aussi, associer droit, loi, scientificité, évaluation, dans un contexte de « malheur idéologique » (4), d'autorité, d'insoluble culpabilité sexuelle.

2 – Autre pratique, autre discours : la défense du sujet par l'avocat

Il convient également d'insister sur la présence et le rôle, parfois méconnu par les psys, des avocats. Leur travail, leur angle d'approche, situent un humanisme différent, le plus souvent revendicatif et axé sur le pragmatisme et l'écart irréductible d'une position. Qui ne saurait, de facto, être intrinsèquement neutre. Le plaidoyer admet une certaine excentricité, le dépassement, ici en matière de mœurs de la dichotomie agresseur victime.

Un avocat nous parle de sa longue expérience et de la défense de certains cas d'agression sexuelle : « Pour moi, ce n'est pas un travail d'opinion ou de passion. Tout au contraire, j'approfondis chaque cas, comme un technicien. Je ne généralise jamais, je réfléchis. Une seule vérité, celle du sujet. Comprendre, expliquer, justifier. Je partage l'histoire et l'intimité d'un sujet, de mon client. Des fois, souvent, je pense que les agresseurs sexuels ne sont traités équitablement. Mon point de vue est lui aussi important. Et je dois m'engager pour le faire entendre ».

Confronté à la difficulté de se positionner, en fonction du contexte social, victimaire et judiciaire, hostile, l'avocat exprime un point de vue forcément décalé et non consensuel. La démarche tend à devenir conflictuelle, nécessite de la souplesse, de ne pas s'enfermer dans une logique duelle et par trop revendicatrice. Ni dans l'affrontement à la victime. Le rapport au psychologique est complexe, ambivalent.

« Très compliqué quand on a affaire à la vie sexuelle des condamnés. Vous le savez. Il y'a des tabous, du mensonge, de la mauvaise foi, de l'impossibilité de parler. C'est une sensibilité à fleur de peau. Des préjugés, une dramatisation extrême qui ne contribue absolument pas à la sérénité des procès et donc de la justice. Les points de vue sont rigidifiés, bloqués, arrêtés et c'est très dur de faire évoluer les réflexions, les arguments, les interprétations. On cherche à dénoncer, à condamner, à détruire et à se venger, souvent bien au-delà des faits. Des jugements sommaires, expéditifs, trop souvent, malheureusement. La défense des condamnés, agresseurs, est superficielle, il vaut donc lutter avec acharnement. Que de préjugés, une écoute superficielle, des préjugés, c'est un coupable sexuel auquel on appliquera la peine maximale, une condamnation morale de principe et empêcher de nuire. La parole de mes clients est peu entendue, trop peu. Il me faut faire bouger des lignes de force. Une tâche très lourde. Respecter les faits, rien que les faits, dans un contexte difficile de recherche de preuves et de passion souvent haineuse. Il n'y a pas de garde-fou, la parole de la victime a beaucoup plus de poids que celle de l'accusé, il faut faire avec ça. Je parlerai d'une « chape de plomb. »

Comment, pour cet avocat, concevoir des interventions, d'emblée, compromises par un contexte déséquilibré d'extrême culpabilisation d'un condamné, quel style d'interprétation ? Jusqu'à quel point s'inscrit-il dans le système, quitte à y introduire un contrat moral et pervers argumentant le bon droit du justiciable ?

« C'est bien une logique de punition. Et aussi une déshumanisation, un monstre, un prédateur. Une défense particulièrement compliquée. L'aveu, la dénonciation, la sanction, avant tout, la justice ? Après ? Le traitement de l'agresseur sexuel est seulement péjoratif, forcément. Il doit payer, il doit trinquer. Travailler sur une image, une représentation sociale désastreuse, introduit à une mission, une difficulté structurelle, de la défense d'un « salaud, prédateur sexuel ».

Comment s'extraire d'un positionnement forcément à contre-courant ? Comment, amené, dans sa posture, à la critique du dispositif, l'avocat doitil intégrer des représentations et stéréotypes qu'il lui appartiendra de démonter, décrypter ? « La machinerie savante et experte, c'est pour moi, un peu, un savoir autoproclamé. Discutable, toujours, in fine, un discrédit et une argumentation défavorable. Et pourtant, est-ce que c'est bien une vérité scientifique ? »

Toujours renvoyé à une logique pénale, le sujet est, pour l'avocat, introduit à une logique de culpabilisation, de rumination morbide, conséquences de l'injonction au travail sur soi. Politique et rhétorique de l'aveu, encore et toujours, la critique de cet avocat, dénonce des pratiques humiliantes. « On a affaire au pouvoir, dans toute son acception, absolu, sans nuance. C'est un rapport policier, un regard indépassable sur le mal, c'est-à-dire la sexualité transgressive. On inculque la repentance, la condamnation, on inculque l'idée de monstruosité, on est en face du prédateur à soigner, à sauver, coute que coute. Il faut faire comprendre, accepter ».

Défendre un agresseur sexuel revient, dans un tel contexte, à décrypter une situation de clivage ou ce dernier est responsable, justifier des pratiques de moralisation et renoncement à sa sexualité, ne bénéficier aucunement d'un quelconque statut de victime. La complexité de ce rapport essentiellement moral implique, pour l'avocat, la difficulté de pratiquer le « bon droit », la personnalité, de son client. Essentiellement surdéterminée par des effets de représentation, de masquage, la défense doit ouvrir des brèches interprétatives. « Le travail des psychologues, psychiatres, c'est aussi bien de la théorie abstraite et sophistiquée que de la psychologie ordinaire, psychologie du sens commun, floue, empirique, peu scientifique ».

Les discours psys apparaissent ainsi comme relatifs, l'avocat doit les prolonger, en faire un espace permettant la liberté du patient. La dimension critique ne se rapporte pas qu'à l'idée de codage et cadrage systématique d'une sexualité honteuse, perverse et coupable. Elle peut intégrer l'affect, le rendre communicable, fonder la plaidoirie, casser la dichotomie agresseur victime. « Les agresseurs sexuels, il y en a beaucoup, les défendre est une tâche difficile, presque perdue d'avance. Leur défense, c'est à la marge. C'est passionnel, surtout, c'est aussi nauséeux. C'est toujours tenter d'expliquer aux magistrats ce qu'est le drame intime d'une vie sexuelle violente et perdue. C'est l'expérience de la plus extrême difficulté du métier d'avocat. C'est là aussi notre honneur, notre éthique ».

Le point de vue est sans surprise. Il nous montre, sous un certain angle, professionnel et engagé, la distanciation et même le désabusement appelé par une mission professionnelle particulièrement complexe. La dénonciation du complexe politico médiatique est évidente et peut éventuellement nous rapprocher de notre « mission impossible » de clinicien.

« L'acharnement, la stigmatisation, sont incroyables. Ils témoignent de l'état actuel de la société où nous sommes. C'est encore la condamnation à mort qui s'insinue, la mort sociale dans toute son acception, dans toute son horreur ».

La saturation par l'envahissant malaise entretenu par la violence sexuelle prend ici une teneur différente. L'angle d'approche de l'aveu, du crime, de la personnalité de l'agresseur privilégient une rhétorique nettement différente du discours soignant psy, auquel il peut s'opposer. L'examen clinique et minutieux du cas s'éloigne, son élaboration collective également.

3 – La pratique des surveillants pénitentiaires

Leur rôle est essentiel, c'est une évidence. Ce sont eux qui, le plus souvent, évoluent, au quotidien au plus près d'agresseurs incarcérés, avec qui ils partagent l'expérience commune de la vie carcérale et ses multiples aspects, un fonctionnement original, violent et occulte à la fois.

Parler avec eux de la vie en détention prend avec eux une signification objective et concrète, conforme à une application punitive et autoritaire, mais aussi à l'économie d'un fonctionnement institutionnel occulte. L'enfermement peut être la fin en soi. Se percevant comme un personnel subalterne, relégué à la nécessité d'accomplir une tâche ingrate, les surveillants adoptent une position revendicative entretenue par un sentiment d'injustice (6). « On est encore dans le système, on fait notre boulot. Mais on est au bas de la hiérarchie. On ressent le mépris, on est peu considérés, des « bas du front ».

Le travail de gestion du quotidien et de l'enfermement suppose peu de réunions, de travail d'analyse, réflexion et distanciation. La lourdeur, la monotonie, la répétition du travail entraînent progressivement l'éloignement de l'intérêt porté aux détenus, leur avenir, leur devenir et réinsertion. L'image d'eux même est, pour les surveillants, devenue peu à peu négative et passéiste. La distanciation par rapport aux condamnés s'efface et laisse place à une pratique relativement brutale de la contention. Il s'agit d'une privation de liberté tout à fait légitime.

« On n'a presque pas d'échanges avec les condamnés, ça se limite à l'essentiel, et c'est réciproque. Ce sont des relations souvent déshumanisées, froides avec peu de place pour les sentiments ou la compassion. On n'a pas envie de faire du copinage, le boulot, c'est-à-dire surveiller, contrôler, c'est tout ».

Paraît s'affirmer, en interne, une pratique relative autoritaire et autonome. Elle correspond davantage à une pratique basée sur des rapports de force, une certaine brutalité, la rigueur de l'exécution et gestion punitive et carcérale du jugement de condamnation. L'essentiel d'une pratique institutionnelle caractérisée par la persistance d'une violence, la construction originale d'une dynamique et microsociété. Le contraste et même la contradiction avec les préconisations officielles, humanisme, soin et réinsertion, est manifeste, montre bien comment l'ordre pratique s'impose, au gré des intervenants, des hiérarchies, de multiples adaptations et renoncements liées aux contraintes et à l'arbitraire constatées au plan du terrain.

« Nous, notre travail, c'est surveiller, c'est-à-dire tout faire pour que tout se passe le moins mal possible, que ça ne dégénère pas. Avec les prisonniers à qui on a faire, vous comprenez que c'est difficile. On ne fait pas dans le sentiment, on défend, on se défend aussi. Mais au fond, tout le monde s'en fout de notre boulot, un sale boulot pour lequel on est payés. On le sait, personne ne nous respecte. On n'est pas grand-chose, on est critiqués, on en prend plein la gueule ».

Aide, réinsertion, la problématique se délite. Elle devient davantage celle d'une pratique disciplinaire aux objectifs plutôt limités et surement peu accordés à la souffrance mentale et la sexualité violente. Elle semble, au final, peu justifiée. Une impression d'inutilité, irrespect hiérarchique et social contribue à cette intériorisation d'un sentiment de fatalisme et déclassement. « Ce que j'attends ? Une seule chose, la mise à la retraite, qu'est-ce que vous croyez ? »

L'impression d'accomplir un « sale boulot », d'avoir affaire à une population particulièrement détestable, le constat de l'inutilité et de la démagogie de la volonté humanitaire de réinsérer et soigner, l'impression d'effectuer une mission simplement réifiée et dépourvue d'intérêt et de sens situent la problématique générale de la tristesse déprimante et vaine du quotidien de la carcéralité. La représentation particulière des agresseurs sexuels, des « pointeurs », accentue cette conviction.

Il s'agit, en effet, de la condamnation sans nuance, de jugements abrupts et violents, proférés à l'encontre de certains « qui ne méritent pas de vivre ». L'agressivité à l'encontre des agresseurs sexuels est bien présente. La perception de la criminalité sexuelle est conforme à la haine sociale, superficielle et caricaturale.

« Les pédophiles, c'est quelque chose, un malheur pour nous tous. C'est des malades, des individus malsains, il faudrait peut-être la castration. Je fais ce que je peux avec ces individus, il y en a beaucoup trop, pour sûr. Je me demande souvent ce que je fous là, pourquoi je fais ce métier à la con. Les intellos, les politiques, là-haut, est-ce qu'ils se rendent compte, un instant, de la réalité, ici ? »

La perspective, ce qui en ressort ici, nous montre l'expression d'un discours décidément très éloigné de toute considération d'une éthique professionnelle, considérée comme illégitime et inappropriée. La dénonciation schématique, caricaturale, associe mal-être professionnel, sentiment d'être dénié, marginalisation et exclusion, image particulièrement négative et déshumanisée de la violence sexuelle. La dimension professionnelle est manifestement altérée, elle correspond à une impression de violence partagée entre condamnés et professionnels entretenant nécessairement des relations forcément conflictuelles et l'illusoire d'un humanisme sans fondement.

« C'est vrai, on ne nous écoute jamais, ce qu'on aurait à dire, On nous ignore. Quand on sait qu'il y aura des problèmes avec certains détenus, on n'en tient absolument pas compte, ils n'en ont rien à faire, là-haut. Et puis quand ça arrive. »

La hiérarchie est perçue comme autoritaire, éloignée, elle ne s'intéresserait pas aux conditions de travail, aux difficultés rencontrées. Les agents se sentent dévalorisés, méconnus et niés dans leur identité, tant psychique que professionnelle. Le formalisme et la rigidité s'imposent, qui entretiennent un climat fait de tension, angoisse, saturation, hostilité à l'encontre des condamnés. Peu d'analyse, pourtant. Peu d'élaboration de la complexité des tâches, de leur statut, des multiples éléments mis en jeux par une dynamique institutionnelle particulière, avant tout perçue comme espace d'enfermement et de répression d'individus immoraux et menaçants. Essentiellement caractérisé par la répétition structurelle d'une violence carcérale, le contexte ne se prête à aucune clinique des sujets. Si ce n'est celle du fonctionnement institutionnel caractérisé par diverses formes de dénis.

Un surveillant parle du travail des psys : « Ce qu'ils nous disent, des sujets incarcérés, je comprends parfois, pas toujours, mais le travail de compréhension, c'est un peu au-dessus de mes forces, ça me demande beaucoup, trop, de disponibilité. On fait au mieux, selon nous, un travail pénible, je ne sais pas jusqu'à quel point, ils peuvent l'entendre ».

Pessimisme quant au soin ! à la réinsertion ! La mise en œuvre au quotidien, du travail de « gardiennage », semble répétitive, ennuyeuse ou épuisante. Et la place de la violence sexuelle limitée à la stigmatisation, partagée avec les autres détenus, à l'encontre des « pointeurs ».

« La réinsertion ? du pipeau. Ils sont marqués, pour la vie, on ne les changera plus et puis quand ils font des efforts, des gros efforts, on dira. C'est quasiment impossible à mettre en place, ça capote tout de suite, tellement il y'a des difficultés à mettre en place tout ce qu'il faut. Je ne leur jette pas non plus la pierre, notez-le ».

Le travail au quotidien, s'il semble ne pas complètement exclure un certain humanisme, dérive systématiquement et progressivement vers des compromis et renoncements, conséquence des multiples effets des obstacles et carences transformant fondamentalement la signification morale de ce que devrait pouvoir être la vie carcérale. Postures et positionnements sont donc peu à peu pervertis par la nécessité de l'exercice au quotidien d'une tâche rébarbative de contrôle et d'enfermement de condamnés suscitant parfois lassitude, exaspération, détestation, génératrices de violences en retour et aussi, parfois, d'agirs en lien avec des sentiments diffus de dégoût.

« N'oubliez pas que le quotidien de nos pratiques, c'est bien la violence, c'est évident. Ça veut dire la trouille, l'horreur aussi parfois, des pédophiles, des violeurs, des assassins qui tuent pour le sexe, ce qu'il y'a de pire, dont on ne se rend pas bien compte. Eux aussi, ils nous haïssent, ils nous détestent, c'est dur d'entrer en relation. Ce n'est pas n'importe quoi, n'importe qui. C'est grave ».

Confrontés au sentiment de rejet de sujets agresseurs sexuels condamnés, les surveillants éprouvent des difficultés à l'assumer, à faire preuve de la professionnalité et technicité requise. « Nous travaillons forcément avec nos sentiments. Et ça, c'est pas facile ; les violents sexuels, avec ce qu'ils ont fait, on ne peut pas faire comme si. Non je n'ai pas de sympathie pour eux, c'est clair. Ils ne sont pas innocents. C'est autre chose ».

Nettement éloigné de celui des soignants psys, le point de vue ne laisse que peu de place au regard et à l'écoute humaniste. Professionnalité et technicité perdent de leur qualité. Alors que, nous le savons, la dimension sexuelle accentue et entretient l'incompréhension, le refus et la rigidité. « Ce travail, ce métier, c'est un des plus difficiles à faire, la plupart disent qu'ils auraient préféré faire autre chose. On est là au plus près de ce qu'il y a de pire dans la société ».

La spécificité du travail, le poids des représentations, exprimées ou subies, déterminent une psychosociologie tout à fait particulière. Dont la caractéristique nous sensibilise à une relative incapacité, un refus, de penser une relation structurante à des sujets perçus selon un gardien, dans « une quasi-impossibilité de se distancier ».

L'approche est, souvent impersonnelle, basée sur des attitudes et agirs parfois, aussi, violents. Mais des alliances opportunistes, perverses, avec certains détenus, sont toujours possibles. Elles participent logiquement d'aménagements transgressifs d'adaptation de la vie et de la dynamique interne de l'institution enfermement et, donc, porteuse d'autarcie. En écho à ceux des condamnés. Au sein d'une culture et vie institutionnelle où les agresseurs sexuels deviennent les supports de la haine, de presque toute la communauté, les autres détenus, y compris.

« Ce que je connais des condamnés, agresseurs sexuels, je sais de quoi et de qui on parle, quand même. Ce sont pas des bisounours, d'abord des gros dégueulasses. Ils sont jugés, ils sont condamnés, ils paient, c'est normal, on est là pour ça. On pourrait faire ça à mes enfants, je ne supporterai pas, c'est clair ».

Peu de distanciation possible vis-à-vis de l'affect, du sexuel, rendus aux vicissitudes du terrain institutionnel, caractérisé par l'autoritarisme et aussi la brutalité.

4 – Magistrats, juges

Il s'agit donc d'également rencontrer l'acteur majeur du dispositif répressif et pénal. Avec lequel les entretiens se sont avérés compliqués. Donc d'apporter une brève réflexion complémentaire. Toujours situés dans la mouvance de relations professionnelles souvent ambiguës, sinon conflictuelles. La posture est exigeante et même rigoriste. L'intérêt d'un travail d'analyse et recherche plutôt minimisé. Le dialogue s'instaure, lentement.

« Notre travail est excessivement difficile, nous devons l'assumer. Nous sommes là pour analyser et juger des actes graves. D'abord. Nous sommes sévères, pour la délinquance sexuelle, en particulier. Ce que nous jugeons à des conséquences gravissimes, pour les victimes. Nous sommes rigoureux, sévères. Y compris pour tout ce qui est de l'ordre de la libération conditionnelle. Il s'agit, pour les condamnés et leurs victimes, de donner du sens. Il faut préserver l'autorité de la chose jugée, des juges, de la justice. La question sexuelle est un exemple essentiel de la rigueur et de l'exigence impliquées par notre fonction. Et ça, on l'oublie un peu facilement, nous semble-t-il ».

La sensibilité à la problématique de la récidive apparaît déterminante. Elle se situe dans la perspective de la demande et de la pression sociale. Diffuse, mais bien présente, celle-ci tend à relativiser l'aspect purement technique de l'application rigoureuse et spécifique du traitement et de l'interprétation définies par le droit.

Les enjeux relatifs au sens et à la fin de la peine sont récurrents. Ils nous renvoient constamment à l'approfondissement de la réflexion longuement développée ici. Nous confrontons toujours à l'individuation de la peine, donc à la clinique. Situent toujours la détermination de l'emprise judiciaire manifestée par le pouvoir des juges. « Je suis complètement dépendant de la décision des juges, d'un juge, en particulier. Il a un pouvoir absolu sur moi, de vie et de mort, en quelque sorte. C'est lui, lui seul, qui décide de ce qu'est, de ce que sera, ma vie, ma liberté de vivre. C'est comme ça, c'est l'administration pénale, pénitentiaire ». Décrivant la pression du pouvoir judiciaire, la répression pénale, ce condamné insiste beaucoup sur sa dépendance prolongée aux pratiques probatoires de contrôle, suivi et surveillance, postpénales.

« Je n'en aurai jamais fini avec le juge, il veut contrôler toute ma vie, surveiller, contrôler, menacer, alors que j'ai payé, j'ai accompli ma peine. C'est incompréhensible, c'est extrêmement violent, insidieux, incompréhensible. » (Un agresseur condamné).

Les relations, la perception, ce que les agresseurs expriment des juges est logiquement hostile, caractérisé par un très net sentiment d'injustice. Frustration, colère, agressivité. « Tout est refusé, toutes mes demandes, par principe. C'est une tyrannie, c'est invraisemblable, et pourtant ! ».

La logique de la sanction, sa valeur morale et pédagogique, son rôle dans la réinsertion sont considérés comme un leurre, Il y a aussi victimisation. Témoignage : « Pour moi, ce que j'ai compris, c'est qu'ils veulent me casser, me faire payer, Il n'y a pas d'humanité, on est là pour morfler. Quant aux conseillers d'orientation, ils sont de mèche. Tout ça pour faire croire que la justice c'est juste, ça fonctionne bien. Du foutage de gueule, oui ! On est sacrifié, quasiment condamnés à mort ! » (Un condamné).

L'impression de soumission à un pouvoir disciplinaire rigoureux est associée à celle d'être l'enjeu de logiques morales et sécuritaires justifiées par le maintien de l'ordre. À celui-ci, correspondant la pratique légitimée, mais implicite de la violence judiciaire, du totalitarisme de la « religion de l'aveu et de la contrition ». « J'applique la loi et je dois, dans le cas de la violence sexuelle, intégrer le caractère tout à fait particulier d'actes hautement dangereux et répréhensibles. Des actes qui justifient pleinement de longues peines et laissent dubitatif quant à la difficulté d'un travail de réinsertion. L'agresseur sexuel ne reste-t-il pas potentiellement dangereux ? À cette question, je réponds par l'affirmative » nous dit un juge.

Gestion sociale et pénale de l'agression sexuelle ! Détention et contrôle semblent bien rester la priorité de fonctionnements essentiellement complexes et structurellement violents. Les investigations, quelles qu'elles soient, semblent bien, en ce sens, correspondre à des interventions répressives renvoyant l'émergence des pratiques, décrites ici, de soin, réinsertion, probations, aux limites où transparaîtraient perversité et contradictions, aussi bien du dispositif que des agresseurs condamnés. Nous remarquons ainsi le paradoxe majeur de la disparition de toute référence à une sexualité aussi bien omniprésente qu'occultée.

Évoquons donc brièvement l'éloignement obligé de l'idéal thérapeutique. Puis, au-delà des apparences, des difficultés inhérentes aux pratiques décisionnelles des magistrats, à quel point les articulations des pratiques judiciaires et sanitaires questionnent, fussent-elles celles prônées par une nouvelle pénologie. « Étudier, aménager une peine, c'est essentiel, mais pas suffisant. La sortie du condamné, c'est forcément un pari. Souvent, trop souvent perdu. Avec les conséquences dramatiques que vous savez. Question de travail, de moyen. Et toute notre immense responsabilité de juges ».

Toujours ambivalents dès lors que les problématiques de réinsertion et récidive se profilent, les juges évoluent-ils ailleurs que dans un registre de moralisation et responsabilisation ? La spécificité de la délinquance sexuelle, son traitement, le soin accordé, ne seraient-ils pas, au final, paradoxalement refoulés ? En fonction des limites des projets longuement analysés ici ?

Références

1. Doron C.O., *op. cit.* Chap. 1.
2. Rapport du jury Conférence de Consensus sur la prévention de la récidive, Ministère de la Justice 2013.
3. Memmi D., Raveneau G. et Taieb E. (sous la direction de), Le social à l'épreuve du dégoût, Rennes, P.U. Rennes, 2018.
4. Huguet M., *op. cit.*, Chap.1.
5. Danet J., Le traitement processuel de la parole dans le procès d'agression sexuelle, revue électronique « Droit et Culture », 2008/1, p p. 137-148.
6. Chantraine G., Expérience carcérale en maison d'arrêt, Approche socio-historique et biographique d'une institution totale, Thèse, Université Lille1, 2002.

CONCLUSION DE LA SECONDE PARTIE

Constamment proche de la normativité et des représentations sociales, notre analyse et réflexion portant sur le registre extensif des différentes pratiques de soins apportés aux sujets agresseurs sexuels mettent en évidence paradoxes, confusions et contradictions. Donc diverses démarches, faussement complémentaires, par rapport auxquelles nous avons tenté de montrer l'importance du regard porté par une anthropologie clinique. Parmi ceux-ci, le constat de la limite des engagements thérapeutiques extrême difficulté à répondre aux besoins du justiciable, son éventuel sentiment d'aliénation. Confrontés à l'imaginaire collectif d'un crime sexuel absolu, menace pour le lien social, les acteurs des dispositifs juridiques et médicaux sont amenés à s'engager dans un travail de soin, mais aussi d'accusation, une lecture associant juridique, moral, médical. Le consensus autour de l'aveu, sa fonction libératrice et opacifiante s'impose, mais en même temps compromet le sens de l'intervention propre au champ psychologique. Comment faire avec le désaccord du sujet, ses défenses psychiques eu égard à la menace entraînée par une confession ? Où, dans la consultation, situer la conceptualisation clinique et éthique d'une vie sexuelle perverse ? Moralisme, psychologisme, empathie, maïs aussi compassionnel ou haineux, le contexte des différentes pratiques professionnelles tend à associer représentations et postures relatives à une morale de la contrition Empathiques ou moralisatrices, prescriptrices ou proscriptives, elles jouent sur le sens des psychothérapies. Qu'est-ce qu'un travail psychologique qui doit mener à l'acceptation et la responsabilisation de soi ? Une logique de recueil de la culpabilité peut-elle se passer de déontologie, de méthodologie, d'éthique, structurellement constitutives du positionnement du clinicien psychologue ?

Ce serait, au-delà de l'analyse approfondie du rôle des intervenants et du système, la difficulté majeure de la dimension du travail sur le psychisme qu'il nous appartiendrait de souligner.

Registres moraux et répressifs, pessimisme ou optimisme sans nuances, la finalité de l'écoute et des soins suggère un risque d'autosatisfaction et justification des intervenants. En revenant toujours à ce que recouvrent raisonnement psychothérapique et éthique clinique. Situés à un lieu que l'on qualifiera d'intermédiaire, les professionnels n'évitent pas l'écueil de la démarche culpabilisante, contrition et auto flagellation. Une pragmatique s'impose, dont les évolutions se dessaisissent de la réalité sexuelle inconsciente. L'aide judiciairement contrainte trace les contours d'entretiens souvent conformistes, beaucoup plus qu'attendu. Le travail psychologique, et ses arguments méthodologiques et déontologiques, reste celui d'une extrême exigence, toujours proche du positionnement moral.

Le traitement, psychologique et pluridisciplinaire, de l'agression sexuelle est un travail sur la psychopathologie, mais aussi la honte, l'indifférence, la douleur, l'incommunicable, le sexuel. L'ensemble des intervenants doit en tenir compte. Une réalité que de multiples effets contre-productifs impactent. Les pratiques, devenues diffuses, engagées auprès du sujet « fracturant le lien sexué » peuvent ainsi nous sembler « contaminées » par des considérations idéologiques. Elles supposent donc un travail essentiel de clarification. Des notions deviennent en effet confuses ou improbables, la demande supposée, plus particulièrement. Au volontarisme des agents devrait s'accorder l'attention au réel de la thérapie, de l'élaboration du psychique, d'une vie sexuelle décomposée par des effets de perversion et de clivage.

Centrés sur notre pratique de psychologue, de psychothérapeute, nous rencontrons donc d'autres intervenants, magistrats, avocats, CPIP, surveillants pénitentiaires. Tous engagés dans des approches mettant, chacun dans son domaine, un contre-transfert, impossible à exclure du sexuel. Implication ? Instrumentalisation ?

CONCLUSION GÉNÉRALE

La complexité, écueils et difficultés, ont traversé ce travail de recherche. Les déterminants politiques, sociaux, culturels, constamment présents ont constitué une réalité déterminante dont il a fallu tenir compte. Tout en préservant l'indéniable gravité d'actes violents et pervers et la nécessité de les analyser cliniquement. La relation thérapeutique, largement étudiée, a mis en évidence des limites, entretenues par le déséquilibre et la conflictualité. Mais aussi des évolutions remarquables d'une subjectivité en devenir. Discours et pratiques ont ainsi été caractérisés par l'importance du contrôle, de la prévention et, in fine, de la sanction et de la répression. Des pratiques s'affirmant en fonction de rapports sociaux davantage ouverts à une relation perverse, sadique et sexuelle, à l'autre, objet, figure de consommation. Clivage, ambivalence, double langage, mensonge, caractérisant un agresseur et son désir égoïste et oublieux de l'autre. Des représentations émergeant de l'émotion collective sont présentes. Elles s'entretiennent de l'omnipotence du désir narcissique, de l'infantile, ainsi que de la découverte significative du besoin de soigner les délinquants sexuels, acteurs transgressifs des turpitudes redoutées et refoulées.

L'expérience de vie et la détresse, sexuelle, des sujets suivis et condamnés, qu'on ne saurait pourtant qualifier de « boucs émissaires » appelle logi-quement le recours à une psychologie normopathique basée sur l'auto-persuasion. Souvent indirectement centrés sur la victime, la victimisation, des soins seront relayés par les institutions étatiques, sanitaires, sociales, éducatives, organisés par le pouvoir, judiciaire. Des sujets condamnés et soignés seront soumis à des logiques essentiellement contraignantes, des pratiques autoritaires dyssymétriques. Dont les indéniables conséquences, violence professionnelle diffuse, pourraient, au final, suggérer de subtiles perfidies Comme nous l'avons longuement montré, représentations et discours constituent la toile de fond de ce que le délinquant éprouve d'une fatalité persécutrice et moralisatrice, une recomposition psychique peu susceptible de permettre un travail permettant l'accès au fonctionnement pervers de la néantisation perverse de la victime. Notablement éloigné des problématiques cliniques, perversion, souffrance sexualité, et aussi empathie psycho-thérapique, le fonctionnement paradoxal nous confronte à la proximité de la parole et de l'aveu, devenu, in fine, le déterminant fondamental, mais illusoire, du soin, du soulagement rendu possible par une hypothétique « purgation ».

Normaliser, soigner et/ou neutraliser, la vie psychique et la sexualité, l'attente entretenue par une projection collective, la perversion sécuritaire, en réponse au danger des nouveaux visages d'une perversion devenue plus ordinaire, répondent à l'idée d'un improbable contrôle psychologisant, une auto-surveillance, à laquelle les psys adapteraient leurs techniques actuarielles. Le soin psychique proposé devient artificiel, hétérogène. Conforme à un parcours justifié par la constante intériorisation de la peine.

La mythologie d'une fonction thérapeutique de l'aveu, confondant, rappelons-le, registre judiciaire et travail sur le souvenir inconscient. C'est un élément déterminant de notre enquête (1). Tout comme peut l'être l'hypothèse selon laquelle la médiatisation du crime sexuel, acte chaotique, aléatoire, informe, suggère et fixe, d'une certaine manière, la réinsertion, la neutralisation, un modèle d'illégalisme sexuel. Lequel, quoique minoritaire, serait évocateur d'une inaccessible régulation de libido perverse, de l'extrémisme de la castration chimique, de la captation d'un désir mortifère.

L'importance prise par certains schémas de pensée est indéniable. Une logique, justifiant des contrôles comportementaux de la sexualité non orthodoxe et violente, en résulte. L'obligation de se soigner, associée à la pénalisation au long cours, les rapports de force en résultant, psychologisation et médicalisation, développent des résistances, plus ou moins conflictuelles, résignation, passéisme, fuite.

La fonction moralisatrice et répressive, la pression normative, un discours scientifique et psychologique adéquat, également celui des neurosciences normatives et prédictives, des diagnostics catégoriels et catégoriques, centrés sur la théorisation de la perversité d'agresseurs, fédère, peut-être bien, des professionnels de divers courants évoquant entre eux des dysfonctionnements des comportements sexuels.

Qu'en est-il de l'option psychothérapie, rendue à une empathie méthodologiquement peu exigeante, oublieuse de la clinique du contretransfert, avant tout évocatrice de troubles et dysfonctionnements psychiques et sexués observables ? Avant tout structurellement centrée sur la définition de profils essentiellement orientés vers les la recherche d'un déterminisme prédictif des conduites, la gestion sociale, judiciaire, politique, scientifique, du spectaculaire et violent sexuel nous a orienté vers l'étude de la spécificité d'une psychologisation. Dont l'originalité suppose le recours à une pensée de la transversalité. Discours et prises en charge fondent la notion de la « psycho-moralisation » de l'injonction de soin.

Principe de régénération morale, l'argument appelle la mise sous tutelle de sujets conflictuels et résistants, l'impossible transformation, de leur sexualité, essentiellement. Ce qui nous situe en deçà ou au-delà de la clinique. Selon une logique où compréhension et aveu tendent à se confondre. Toujours dans un contexte de paradoxe, de contradiction, de pétition de principe L'hypothétique « soin du sexuel » tend à se psychologiser, se médicaliser, mais surtout, pour l'essentiel à se soumettre à l'expansion d'une judiciarisation hégémonique d'une transgression sexuelle et d'un désir dont la lecture pénale s'accorde à la dénonciation et à l'éradication, légale et thérapeutique. Dépossédé de son devenir sexuel, du devenir d'une sexualité aussi bien problématique qu'occultée, hétéro et autodestructrice, le sujet agresseur sexuel nous apparaît donc étrangement dessaisi de la réalité inconsciente de sa libido et de ses recompositions, possiblement, perverses et toxiques. Acteurs du champ pénal et de la morale, les soignants deviennent agents prescripteurs d'un système.

Le registre du contrôle préventif s'instaure, il se fait traitement juridico-psychiatrique, en phase avec les interrogations en cours du devenir d'un essentiel et contemporain malaise dans la sexualité (2).

Ce sera, au final, la difficile interrogation d'une éthique du sexuel qui pourrait se poser. Celle de la nécessité et des limites de l'évaluation morale du comportement sexuel. La transformation d'un autre, victime, en objet manipulé et indifférent, justifiant le contrôle, la prohibition, implique soin et gestion judiciaire. L'incapacité violente à maîtriser plaisir et destructivité, auto et hétéro destructeurs n'est pas une agression ordinaire. Elle nous conduit à poser, en tant que clinicien, sous forme de synthèse, la question de l'étude psychopathologique approfondie d'un sujet agresseur sexuel. Jusqu'où telle interrogation clinique et éthique, politique, technique, restera-t-elle concevable indépendamment des effets de ses actes commis sur des tiers victimes ?

Références

1. Procès Dutroux, penser l'émotion, Ministère de la communauté française, Bruxelles, 2004.
2. Freud S. Le malaise dans la civilisation, (1929), Payot, Paris, 2010.

BIBLIOGRAPHIE GÉNÉRALE

Adam C., Psychopathologie et délinquance, Bruylant, Bruxelles, 2015.

Adam C., Délinquants sexuels et pratiques psychosociales, rester clinicien en milieu carcéral, Larcier, Bruxelles, 2011.

Assoun P.L., Dictionnaire des œuvres psychanalytiques, P.U.F, Paris, 2009.

Assoun P.L., Freud et les sciences sociales, Armand Colin, Paris, 2008.

Audition publique Auteurs de violences sexuelles : Prévention, Évaluation, Prise en Charge Actes, Paris, 14-15 Juin 2018.

Bourrillon J., Les criminels sexuels, L'Harmattan, Paris, 1999.

Brenot P., La violence ordinaire des hommes envers les femmes, Odile Jacob, Paris, 2001.

Brie G., Des pédophiles derrière les barreaux, L'Harmattan, Paris, 2014. Calamotte É. L'expérience traumatique, Dunod, Paris, 2014.

Castel P.H., À quoi résiste la psychanalyse ? P.U.F., Paris, 2006. Castel P.H. Le mal qui vient, Cerf, Paris. (2018)

Chantraine G., Par-delà les murs, expérience et trajet en maison d'arrêt, P.U.F., Paris, 2004.

Crozon-Navelet C., Psychologue au risque des institutions, Frison-Roche, Paris, 1998.

Debuyst C., Essais de criminologie clinique, Larcier, Bruxelles, 2009.

Douville O. et Jacobi B. (sous la direction de), 10 Entretiens en psychologie clinique de l'adulte, Dunod, Paris, 2008.

Englebert J. Psychopathologie de l'homme en situation : Le corps du détenu dans l'univers carcéral, Hermann, Paris, 2014.

Fédida P., Le concept et la violence, M.J.W, St Martin de Blagny, 2012. Foucault M. Histoire de la sexualité, la volonté de savoir, Gallimard, 1994.

Foucault M., Mal faire, dire vrai, Fonction de l'aveu en justice, P.U. Louvain, Louvain, 2012.

Freud S., Trois essais sur la vie sexuelle, (1905) P.U.F, Paris, 1997. Gaillard A. Sexualité et prison, désir, affect et désirs sous contrainte, Max Millo, Paris, 2009.

Gravier B. et Roman P. (sous la direction de), Penser les agressions sexuelles,

Érès, Toulouse, 2016.
Gérin Y., Souffrance et psychose, L'Harmattan, Paris, 1997.
Green A., Pourquoi les pulsions de destruction et de mort ? Ithaque, Paris, 2010. Green A. La pensée clinique, Odile Jacob, Paris, 2002.
Hachet A., Nouvelles figures de l'acte criminel, du monstrueux au familier, In Press, Paris, 2011.
Hachet A., Le psychologue en contexte judiciaire, quels enjeux éthiques ? In Press, Paris, 2019.
Haesevoets Y. H., L'enfant victime d'inceste, de la séduction traumatique à la violence sexuelle, De Boeck, Bruxelles, 2015.
Huguet M., L'ennui ou la douleur du temps, Masson, Paris, 1987. Iacub M. et Maniglier P. Antimanuel de sexologie, Bréal, Paris, 2005.
Kinable J., Les abords de la psychopathie, Cabay, Louvain-la-Neuve, 1984. Lacan J. L'Éthique de la psychanalyse, Séminaire, livre VII, Le Seuil, Paris, 2019.
Lancelevée C., Quand la prison prend soin, Thèse EHESS, Paris, 2016. Laplanche J. Nouveaux fondements pour la psychanalyse, P.U.F., Paris, 2016. Lebrun J.-P. La perversion ordinaire, Flammarion, Paris, 2015.
Lebrun J.-P., Un monde sans limite, Érès, Toulouse, 2020.
Legendre P. et Papageorgiou-Legendre A., Le fondement généalogique de la psychanalyse, Fayard, Paris, 1990.
Ludwiczak F. et Motte dit Falisse J., Du sens de la peine, Paris, L'Harmattan, 2017.
Lussier P., La délinquance sexuelle, P.U. Laval, Québec. (2018)
Martens F. (sous la direction de), Le délinquant sexuel. Enjeux cliniques et sociétaux, Coll. Temps d'arrêt, COCOF, Bruxelles, 2005.
Mazaleigue-Labaste J., Les déséquilibres de l'amour, Ithaque, Paris, 2014. Mormont C., Giovannangeli et all. Les délinquants sexuels, Théorie, Évaluation et traitement, Frison-Roche, Paris, 2003.
Raoult P.A. (sous la direction de), Violence et mal-être, Dunod, Paris, 2017.
Saint-Germain C., Le nouveau sujet du droit criminel, Liber, Montréal, 2015. Schneider M. La confusion des sexes, Flammarion, Paris, 2004.
Senon J.-L., Psychiatrie légale et criminologie clinique, Masson, Issy-lesMoulineaux, 2013.
Vigarello G., Histoire du viol du xvie au xxe siècle, Seuil, Paris. (2000).
Villerbu L.M., Dangerosité et vulnérabilité en criminologie, L'Harmattan, Paris. 2003.
Villerbu L.M. et Viaux J.-L., Psychologues et thérapeutes, Sciences et techniques cliniques en psychologie, L'Harmattan, Paris, 1984.

TABLE DES MATIERES

Préface **11**

Introduction générale **15**

Références 19

Première partie
Discours, parole, psychopathologie, psychologie clinique et sociale des sujets agresseurs sexuels

Introduction de la première partie
Le sujet agresseur sexuelface au sacrifice impliqué par la condition pénale **23**

Chapitre I
histoire, discours, symptômes et prises en charge de patients **27**

1 – Étude de cas : Patrick 28
2 – Étude de cas : José 32
3 – Étude de cas : Philippe 35
4 – Étude de cas : Pierre-Henry 39
5 – Étude de cas : François 41
6 – Étude de cas : Roland 45
7 – Étude de cas : Simon 46
8 – Étude de cas : Roger 49
9 – Étude de cas : Allan 51
10 – Étude de cas : Louis 57
11 – À partir de ces dix cas 60
Références 64

Chapitre II
Les divers aspect de la réalité du travail psychique des sujets condamnés et soignés 65

1 – La résistance psychique et sociale des sujets 65
2 – Critique et décomposition du système par l'agresseur 68
3 – Les ambivalences du travail des psychologues 69
— Un sujet réifié et aliéné 75
— Un discours stratégique 78
— Décentrement 80
4 – Une restructuration psychique des sujets ? 84
5 – Technicité et expertise sous le signe de l'empirisme 87
6 – L'idéologie du risque et de la récidive 89
Références 92

Chapitre III
Stigmatisation, épreuve, conflit et déni 95

1 – L'atteinte et la brutalisation du sujet psychique 95
2 – Langage et violence, une subjectivité étouffée 98
3 – Des projets soignants : ébauche et inaboutissement ? 99
4 – Le procès, acte symbolique de mise en abyme 106
5 – Quelle sexualité, encore ? 111
Références 120

Conclusion de la première partie 123

Partie 2
Significations et enjeux des traitements, du côté des dispositifs

Introduction de la seconde partie
Face à la nécessaire régulation sociale 127

Chapitre I
Psychothérapie, paradoxes et ambivalences du renoncement à l'éthique clinique 129

1 – Considérations préalables 129

2 – Système, paradoxe, objectivation 131
3 – Travailler la culpabilité 132
4 – Éthique, intimité et secret 133
5 – L'irréductible du traumatisme ? 134
6 – L'intrication morale 136
7 – Prise en charge, nécessité, flou et empirisme ? 137
8 – Analyse structurale des fondements d'une pratique de psychologue 140
Références 144

Chapitre II
Des investigations auprès d'acteurs majeurs du dispositif pénal et judiciaire 147

1. Lecture critique des prises en charge des conseillers d'insertion et de probation 147
— Suivi social 147
— Psychologisation 150
— Ambivalence 152

2 – Autre pratique, autre discours : la défense du sujet par l'avocat 154
3 – La pratique des surveillants pénitentiaires 157
4 – Magistrats, juges 162
Références 165

Conclusion de la seconde partie 167

Conclusion générale 169

Références 172

Bibliographie générale 173

Structures éditoriales du groupe L'Harmattan

L'Harmattan Italie
Via degli Artisti, 15
10124 Torino
harmattan.italia@gmail.com

L'Harmattan Hongrie
Kossuth l. u. 14-16.
1053 Budapest
harmattan@harmattan.hu

L'Harmattan Sénégal
10 VDN en face Mermoz
BP 45034 Dakar-Fann
senharmattan@gmail.com

L'Harmattan Cameroun
TSINGA/FECAFOOT
BP 11486 Yaoundé
inkoukam@gmail.com

L'Harmattan Burkina Faso
Achille Somé – tengnule@hotmail.fr

L'Harmattan Guinée
Almamya, rue KA 028 OKB Agency
BP 3470 Conakry
harmattanguinee@yahoo.fr

L'Harmattan RDC
185, avenue Nyangwe
Commune de Lingwala – Kinshasa
matangilamusadila@yahoo.fr

L'Harmattan Congo
67, boulevard Denis-Sassou-N'Guesso
BP 2874 Brazzaville
harmattan.congo@yahoo.fr

L'Harmattan Mali
Sirakoro-Meguetana V31
Bamako
syllaka@yahoo.fr

L'Harmattan Togo
Djidjole – Lomé
Maison Amela
face EPP BATOME
ddamela@aol.com

L'Harmattan Côte d'Ivoire
Résidence Karl – Cité des Arts
Abidjan-Cocody
03 BP 1588 Abidjan
espace_harmattan.ci@hotmail.fr

L'Harmattan Algérie
22, rue Moulay-Mohamed
31000 Oran
info2@harmattan-algerie.com

L'Harmattan Maroc
5, rue Ferrane-Kouicha, Talaâ-Elkbira
Chrableyine, Fès-Médine
30000 Fès
harmattan.maroc@gmail.com

Nos librairies en France

Librairie internationale
16, rue des Écoles – 75005 Paris
librairie.internationale@harmattan.fr
01 40 46 79 11
www.librairieharmattan.com

Librairie l'Espace Harmattan
21 bis, rue des Écoles – 75005 Paris
librairie.espace@harmattan.fr
01 43 29 49 42

Lib. sciences humaines & histoire
21, rue des Écoles – 75005 Paris
librairie.sh@harmattan.fr
01 46 34 13 71
www.librairieharmattansh.com

Lib. Méditerranée & Moyen-Orient
7, rue des Carmes – 75005 Paris
librairie.mediterranee@harmattan.fr
01 43 29 71 15

Librairie Le Lucernaire
53, rue Notre-Dame-des-Champs – 75006 Paris
librairie@lucernaire.fr
01 42 22 67 13

www.ingramcontent.com/pod-product-compliance
Lightning Source LLC
LaVergne TN
LVHW021212061026
849535LV00008B/2703